FLENSBURGER HEFTE

Waldorfschule
und
Anthroposophie

LIEBE LESERINNEN UND LESER!

Rund zwei Jahre sind vergangen, seit das vorliegende Heft zum Thema "Waldorfschule und Anthroposophie" im Abonnement erschien. Auch die zweite Auflage vom Dezember 1987 ist nun vergriffen, wiederum schneller als in der Kalkulation der Laufzeit erwartet, trotz erheblich mehr Exemplaren gegenüber der ersten Auflage. Der gesamte Text der jetzt vorliegenden 3. Auflage wurde neu gesetzt und gründlich durchgesehen, inhaltlich jedoch - bis auf wenige redaktionelle Anmerkungen - unverändert belassen. Daher können auch an dieser Stelle wieder die einleitenden Worte aus dem Vorwort zur 1. Auflage unverändert übernommen werden:

Aspekte aus dem weiten Feld der Waldorfschulbewegung machen die Schwerpunktthematik des vorliegenden Heftes aus. Dabei geht es weniger um die Pädagogik, als um das Wirken der Waldorfschule in ihrem sozialen Umfeld, die spirituellen Grundlagen der Waldorfpädagogik sowie die Beziehung zwischen Lehrerberuf und esoterischem Schulungsweg. Da die Waldorfschulen und ihre Pädagogik in den letzten Jahren eine erhöhte Aufmerksamkeit erfahren, schien es uns angebracht, einen zusätzlichen inhaltlichen Schwerpunkt der Auseinandersetzung zwischen Waldorfpädagogik und ihren Kritikern zu widmen.

Der Inhalt dieses Heftes ist auch nach wie vor hochaktuell, wenn auch einige erläuternde Beispiele bei einer gänzlichen Neuerarbeitung des Themas durch andere zu ergänzen wären. Daher noch einige Anmerkungen und Hinweise: Die Anzahl der Waldorfschulen in der Bundesrepublik Deutschland hat sich in der Zwischenzeit auf 113 mit dem Beginn des Schuljahres 1988/89 erhöht. - Zum im Interview mit Stefan Leber besprochenen Beispiel einer anstehenden Verfassungsgerichtsentscheidung (S. 32 f.) ist am 8. April 1987 das Urteil ergangen. Zur weiteren Information sei auf die Dokumentation "Die Schutzpflicht des Staates für Freie Schulen nach Artikel 7 Abs. 4 GG - Zum Finanzhilfeurteil des Bundesverfassungsgerichtes vom 8. April 1987" verwiesen, die beim Bund der Freien Waldorfschulen, Heidehofstr. 32, D-7000 Stuttgart 1, erhältlich ist. Die Zeitschrift "Erziehungskunst" ging auf die Zusammenhänge dieses Urteils in ihren Ausgaben 12/1986 und 2, 5, 6/1987 ein. - Auf die "Erziehungskunst" (9/1987) sei auch zur weiteren Information über die von uns nicht namentlich erwähnte Auseinandersetzung (S. 41 f.) zwischen dem Bund der Freien Waldorfschulen und der Freien Waldorfschule Kempten hingewiesen. - Eine starke Beachtung verdient die Artikelserie Stefan Lebers in der "Erziehungskunst" (11/1988 bis 4/1989) zum Problemfeld der Frage, ob die Waldorfschule eine Weltanschauungsschule ist. -

Der "Materialdienst" der Evangelischen Zentralstelle für Weltanschauungsfragen (11/1987) bemerkte zu diesem FLENSBURGER HEFT: "Insgesamt eine sehr lebendige und materialreiche Einführung in die Probleme ...". Dem können wir uns nur anschließen, und wir hoffen, daß Sie - liebe Leserinnen und Leser - durch die Lektüre zu einem ähnlichen Ergebnis kommen.

Es grüßt Sie Ihre FLENSBURGER HEFTE-Redaktion

Innere Revolution der Seele

DIE SPIRITUELLEN HINTERGRÜNDE DER WALDORFPÄDAGOGIK UND DIE INNEREN AUFGABEN DES LEHRERS
Frank Linde*

Die Waldorfschulbewegung ist in den letzten Jahren zunehmend in das Licht der Öffentlichkeit getreten. Inzwischen ist sie zu einer Weltbewegung angewachsen. 113 Schulen arbeiten heute allein in der Bundesrepublik Deutschland auf der Grundlage der Pädagogik Rudolf Steiners, und in den meisten Ländern Europas sowie in vielen außereuropäischen Staaten (USA, Kanada, Südamerika, Neuseeland, Australien, Südafrika) konnte die Waldorfpädagogik ebenfalls Fuß fassen.

In dieser Tatsache drückt sich deutlich das wachsende Bedürfnis nach einer menschengemäßen Erziehung aus, und wer ein wenig überschaut, wie gewaltig die schädlichen Einflüsse unserer heutigen Zeit einer gesunden Entwicklung der Kinder entgegenstürmen, der muß in dem Ruf nach mehr und mehr Waldorfschulen eine zutiefst berechtigte Forderung sehen. - Auf der anderen Seite muß aber ebenso deutlich gesehen werden, daß der Waldorfpädagogik ganz bestimmte innere Voraussetzungen und Kräfte zugrunde liegen. Sie kann die ihr gestellten Aufgaben nur dann richtig erfüllen, wenn sie konsequent aus ihren inneren spirituellen Quellen heraus arbeitet. Diese Quellen erschließen sich durch die Anthroposophie Rudolf Steiners, und für die Arbeit der Waldorfschule hängt Entscheidendes davon ab, wie lebendig die einzelnen Lehrer dasjenige aufnehmen und umsetzen, was aus der Anthroposophie heraus für die Pädagogik von Bedeutung ist.

Damit sind innere Fragen der Schule, innere Aufgaben des Lehrers berührt. Sie lassen sich nicht auf äußerliche Weise lösen. Angesichts der raschen äußeren Ausbreitung der Waldorfschulen erheben sich nun bei vielen verantwortlich in der Waldorfschulbewegung tätigen Persönlichkeiten zunehmend sorgende Fragen nach der inneren Substanzbildung der Bewegung.

Läuft die Waldorfschule durch die starke Ausweitung und mit zunehmender zeitlicher Entfernung von ihrem Ausgangspunkt 1919 Gefahr, in einen "inneren Verdünnungsprozeß" hineinzukommen? Wird der spirituelle Strom, aus dem sie hervorgegangen ist, zunehmend verwässert? - Oder gelingt es ihr, nach einer notwendigen Besinnung auf ihre inneren Kräfte, die spirituellen Quellen so lebendig werden zu lassen, diese Kräfte so zu intensivieren, daß der äußeren Ausbreitung innerlich standgehalten werden kann?

Vor dem Hintergrund dieser Fragen soll im folgenden versucht werden, die spirituellen Hintergründe der Waldorfschule vom Gesichtspunkt der anthroposophischen Geisteswissenschaft Rudolf Steiners aufzuzeigen. Die herangezogenen geisteswissenschaftlichen Tatsachen können dabei nicht im einzelnen begründet oder hergeleitet werden,

---

*Frank Linde ist seit mehreren Jahren als Waldorflehrer tätig. Er ist Klassenlehrer der 7. Klasse der Freien Waldorfschule in Tübingen.

wohl aber wird auf entsprechende Vorträge Rudolf Steiners verwiesen. Auf Vollständigkeit kann diese Darstellung nicht ausgerichtet sein. Sie will keine abschließenden Antworten oder gar Urteile geben, sondern vielmehr zum Gespräch und zur weiterführenden Arbeit anregen.

I. Anthroposophische Menschenerkenntnis als Grundlage der Pädagogik

Die Erziehungsaufgabe der Waldorfschule will allgemeine Menschenbildung in umfassendem Sinne sein. Das kann nur erreicht werden, wenn alles, was für Erziehung und Unterricht in Betracht kommt, aus einer Erkenntnis des menschlichen Wesens und dessen Entwicklung abgeleitet wird. Eine Menschenkunde, die dies leistet, kann nur aus der anthroposophischen Geisteswissenschaft Rudolf Steiners gewonnen werden, weil nur diese neben der physisch-leiblichen Entwicklungsbeobachtung eine konkrete Erkenntnis auch der seelischen und geistigen Wesenheit des Menschen ermöglicht.

Eine Fülle von Ergebnissen der geisteswissenschaftlichen Forschung liegt nun mit dem in der Gesamtausgabe veröffentlichten Werk Rudolf Steiners vor. Einen Teilbereich davon bilden die in nicht weniger als 18 Bänden erschienenen Vortragszyklen und öffentlichen Vorträge, die speziell Themen zur Waldorfpädagogik behandeln. Im Mittelpunkt stehen dabei die Vorträge und Kurse, die Rudolf Steiner vor Eröffnung der ersten Waldorfschule 1919 in Stuttgart für die zukünftigen Lehrer sowie eine Reihe von interessierten Persönlichkeiten gehalten hat.[1] Es handelte sich dabei um einen dreiwöchigen pädagogischen Schulungskurs. Die gegebenen Inhalte sind als eine Einheit anzusehen und setzen, wie auch die späteren Lehrerkurse, bereits ein Vertrautsein mit den Grundlagen der Anthroposophie voraus.

Diese Grundlagen, zu denen neben der anthroposophischen Erkenntnis des Menschen auch die anthroposophische Kosmologie und Geschichtsbetrachtung gehören, wurden von Rudolf Steiner in seinen Grundschriften ausgearbeitet. Ihre wesentliche Ergänzung und Erweiterung finden die dort behandelten Inhalte in der großen Reihe von Vorträgen, die - zunächst als Privatdrucke für die Mitglieder der Anthroposophischen Gesellschaft gedacht - innerhalb der Rudolf Steiner Gesamtausgabe öffentlich erschienen sind. Sie enthalten sehr vieles, was durchaus auch aus pädagogischer Sicht von Bedeutung ist.

Neben der Menschenkunde kann damit die Anthroposophie im weiteren Sinne als Grundlage der Waldorfpädagogik angesehen werden. Durch das *Studium* der Anthroposophie gewinnt man die tragenden Ideen, die der Ausübung der Erziehungskunst zugrunde liegen müssen. Damit ist ein *erster Schritt* beschrieben. Daß dabei nicht stehengeblieben werden kann, wird sich im folgenden zeigen.

Es sei an dieser Stelle ausdrücklich betont, daß die Anthroposophie selber in der Waldorfschule nicht gelehrt werden soll. Sie ist kein Unterrichtsinhalt. Es geht vielmehr um praktische Anwendung dessen, was sich für eine gesunde Entwicklung der Kinder aus der Anthroposophie ergibt.

Bildhafter Unterricht als Beispiel praktischer Menschenkunde

Bereits 1907 - zwölf Jahre vor Begründung der Waldorfschule - beschreibt Rudolf Steiner in "Die Erziehung des Kindes vom Gesichtspunkte der Geisteswissenschaft"[2], wie sich die einzelnen Wesensglieder des Menschen in Siebenjahres-Abschnitten entwickeln und wie diese Entwicklung durch geeignete Erziehungs- und Unterrichtsmaßnahmen gefördert werden kann. Es sei nur ein Beispiel herausgegriffen.

Bis zum siebenten Jahre etwa sind die Lebensbildekräfte des Kindes ganz mit dem Aufbau und der Ausgestaltung des physischen Leibes beschäftigt. Neben dem Wachstum vollzieht sich insbesondere eine Formbildung der einzelnen Organe. Mit dem Hervortreten der zweiten Zähne ist diese Formbildung abgeschlossen: danach findet nur noch Wachstum allein statt. Die formbildenden Kräfte werden dadurch von ihrer vorherigen Arbeit frei. Sie wirken fortan nicht mehr am Leibe, sondern stehen dem Lernen des Kindes zur Verfügung. In der richtigen Weise wirkt man nun durch "Bilder, durch Beispiele, durch geregeltes Lenken der Phantasie"[3] auf diese Kräfte, nicht durch abstrakte Begriffe.

Das "Anschauliche, nicht das Sinnlich-, sondern das Geistig-Anschauliche"[4] ist das rechte Erziehungsmittel für die nächsten Jahre.

Daraus ergibt sich für die Waldorfschule die Forderung nach bildhaftem Unterricht in den ersten Schuljahren. Es ist ebenfalls ersichtlich, daß erst nach dem Zahnwechsel mit dem Unterricht begonnen werden sollte und eine Vorschulerziehung im Lesen und Schreiben zum Beispiel abgelehnt werden muß. Anderenfalls würden die für den Leibesaufbau nötigen Kräfte abgezogen, was eine Beeinträchtigung der gesunden Leibesentwicklung zur Folge hätte.

Aus den Ergebnissen der Geistesforschung ergeben sich also ganz konkrete praktische Hinweise für Erziehung und Unterricht. Ein zweites Beispiel mag nun zeigen, daß es nicht genügt, diese Ergebnisse einfach wie aus einer Theorie zu übernehmen und sie gleichsam rezepthaft im Unterricht anzuwenden. Es ist noch ein *zweiter Schritt* nötig.

Geisteswissenschaft darf nicht Theorie bleiben, sondern muß Gesinnung werden

In der oben angeführten Schrift gibt Rudolf Steiner als ein Beispiel für bildhaften Unterricht das Hervorgehen des Schmetterlings aus der Puppe als Gleichnis für die Unsterblichkeit der Seele an, die nach dem Tode das Gehäuse des Leibes verläßt. Er führt anschließend aus, wie dieses Gleichnis erst dann zur Wirksamkeit kommt, wenn der Lehrer es nicht nur als theoretische Denkmöglichkeit vor den Kindern erzählt, sondern wenn er selbst von der Richtigkeit dieses Bildes überzeugt ist.

"Man muß, um recht zu wirken, eben selbst an seine Gleichnisse als an Wirklichkeiten glauben. Das kann man nur, wenn man die geisteswissenschaftliche Gesinnung hat und die Gleichnisse selbst aus der Geisteswissenschaft heraus geboren sind. Der echte Geisteswissenschafter braucht sich das obige Gleichnis der aus dem Leibe hervorgehenden Seele nicht abzuquälen, denn für ihn ist es Wahrheit."[5]

Indem der Lehrer mit solcher Gesinnung in Wahr-Bildern zu den Kindern spricht, strömt ein "feiner geistiger Strom" zu dem Kinde hinüber. Und dieser geistige Strom ist es dann auch, der die Überzeugung im Kinde bewirkt. Somit kommt es nicht in erster Linie auf die gesprochenen Worte an, sondern auf das, was in den Worten lebt und wirkt. Die geisteswissenschaftlichen Tatsachen müssen demnach im inneren Durcharbeiten so belebt werden, daß sie in die *Gesinnung* des Lehrers und Erziehers übergehen. Erst dann erhalten sie ihre pädagogisch wirksame Kraft. Dadurch strömt unmittelbares Leben vom Erzieher zum Schüler hinüber.

"Aber zu diesem Leben ist eben notwendig, daß der Erzieher aus dem vollen Quell der Geisteswissenschaft heraus schöpft und daß sein Wort und alles, was von ihm ausgeht, Empfindung, Wärme und Gefühlsfarbe erhält durch die echte geisteswissenschaftliche Gesinnung."[6]

Die Notwendigkeit, ein konkretes Verhältnis zum Geist zu finden, am Beispiel der Reinkarnation

Eine wesentliche Erweiterung erfährt dasjenige, was sich für die Entwicklung des Menschen ergibt, durch die Einbeziehung der wiederholten Erdenleben. Wenn es auch zunächst schwerfällt, sich vorzustelllen, daß der Gedanke der Reinkarnation einen unmittelbaren Bezug zur Unterrichtspraxis haben könnte, so wird sich gerade an diesem scheinbar fernliegenden Beispiel zeigen, daß es für den Lehrer doch von Bedeutung ist, wenn er dasjenige, was damit zusammenhängt, in sein Bewußtsein und seine Lebensgesinnung aufnimmt.

In einer Fülle von Vorträgen beschreibt Rudolf Steiner bis in alle Einzelheiten die Vorgänge, die sich im nachtodlichen Bereich für den Menschen ergeben, bis hin zu den Entwicklungen, die zu einer neuen Inkarnation führen.[7] An dieser Stelle sei nur herausgehoben, daß der Mensch nach dem Tode, wenn sich sein seelisch-geistiges Wesen von den sterblichen "Leibeshüllen" gelöst hat, Rückschau hält auf sein vergangenes Erdenleben. Im Verein mit den geistigen Wesen der höheren Hierarchien arbeitet er sein zukünftiges Schicksal (Karma) aus, d.h. er nimmt alle die Impulse und Anknüpfungsbedingungen für ein neues Erdenleben in sein Wesen auf, die sich aus dem Anschauen des vergangenen ergeben. Doch erst nachdem der Mensch weitere Entwicklungsstadien als geistiges Wesen in der geistigen Welt durchlebt hat, wendet er sich wieder einem neuen Erdenleben zu. Das bedeutet konkret, daß er nicht als "unbeschriebenes Blatt" in das Erdenleben tritt. Bereits vor der Geburt hat er eine lange Entwicklung durchgemacht. Von der geistigen Welt aus hat er seine Erdeninkarnation vorbereitet, und aus den vorgeburtlichen Erlebnissen trägt er ganz bestimmte Kräfte und Impulse in das beginnende Erdenleben hinein.

Die Reinkarnation ist somit nicht als abstrakter Gedanke aufzufassen, sondern als reale Lebenswirklichkeit. Das Leben des Menschen erscheint wie ein Gewebe, in dem Vergangenes in Gegenwärtiges hineinfließt und sich in Zukünftigem fortsetzt.

"Wir werden in unser Bewußtsein die Tatsache aufnehmen müssen, daß der Mensch sich entwickelt eine lange Zeit zwischen dem Tod und einer neuen Geburt, ... daß das physische Dasein hier eine Fortsetzung des Geistigen ist, daß wir durch Erziehung fortzusetzen haben dasjenige, was ohne unser Zutun besorgt worden ist von höheren Wesen."[8]

Hohe Anforderungen sind dadurch an den Erzieher und Lehrer gestellt. Er muß sich ein zumindest ahnendes Bewußtsein davon verschaffen, was das Kind, das er zu unterrichten hat, vor der Geburt erlebt hat. Welche Impulse trägt es in das Erdenleben hinein? Wo kann angeknüpft werden an Fähigkeiten, die schon in vergangenen Zeiten zur Ausbildung kamen, wo hat man es mit Anlagen zu tun, die erst noch entwickelt und ausgebildet werden müssen?

Selbstverständlich ist nicht gemeint, daß sich der Lehrer erst die Fähigkeit erworben haben muß, in vergangene Erdenleben hineinzuschauen, bevor er unterrichten kann! Aber es kann ihm zur Gesinnung werden, mit den angedeuteten Fragen innerlich zu leben, und darauf kommt es an. Fünf Tage nach der Eröffnung der ersten Waldorfschule drückt Rudolf Steiner es einmal mit folgenden Worten aus:

"Er (der künftige Erzieher, F.L.) wird ein feines Gefühl haben müssen für das, was sich aus den früheren Erdenleben herüberentwickelt in dem werdenden Kinde. (...) In diesem Verkehr muß sich zuerst das soziale Verhältnis ausgestalten, das gebaut ist auf der spirituellen Beziehung zu anderen Menschen in dem Bewußtsein: hast du einen Menschen vor dir, so hast du die wiederauferstandene Seele aus der vorhergehenden Inkarnation vor dir."[9]

Er schildert dann, daß es nicht genügt, wenn man die Reinkarnation als etwas Theoretisches ansieht,

"...sondern es muß diese Lehre praktisch werden, so praktisch werden, daß sie der Untergrund werden könnte für so etwas wie eine Erziehungs- und Unterrichtskunst."[10]

Und er fährt fort:

"Es ist so wichtig, daß wir zu dem Geist ein konkretes Verhältnis finden. Wenn man nur etwas weiß über Karma, über wiederholte Erdenleben, über die Konstitution des Menschen, und dies als Begriffe im Kopf trägt, so ist das gewiß eine Weltanschauung, ein Theoretisches. Aber mit diesem Theoretischen kommt man heute nicht besonders weit. Erst wenn diese theoretische Weltanschauung Leben wird, ist sie das, was die Menschheit für die nächste Zukunft braucht."[11]

Wie kann nun die Anthroposophie zu dem *Leben* werden, das hier gemeint ist? Wodurch ist der damit angedeutete *dritte Schritt* zu beschreiben?

Menschenerkenntnis - eine esoterische Aufgabe des Lehrers

Aus dem bisher Gesagten lassen sich die inneren Aufgaben des Lehrers zusammenfassend beschreiben: Zunächst geht es in einer ersten Stufe um das Studium der anthroposophischen Menschenkunde. Diese soll dann in die Gesinnung und in das unmittelbare Leben übergehen. Wie geschieht das?

In den Vorträgen, die Rudolf Steiner nach dem ersten Schuljahr für die Lehrer gehalten hat, beschreibt er als eine zweite Stufe das meditierende Erarbeiten dessen, was man vorher durch das Studium in sein Bewußtsein aufgenommen hat. Durch diesen meditativen Umgang mit der Menschenkunde geht ein "innerer geistig-seelischer Verdauungsprozeß"[12] im Menschen vor sich. Das heißt, das, was von außen aufgenommen wurde, bleibt nicht so, wie es war. Es verbindet sich ganz mit den eigenen Kräften des Menschen, geht innerlich in sein Wesen über, und durch diesen Vorgang wird der Mensch erst eigentlich zum Erzieher und Unterrichtenden:

"Das, was wird aus uns, was in uns wirkt, wodurch Erzieher werden, das geht im meditierenden Erarbeiten einer solchen Menschenkunde vor sich."[13]

Damit ist die Notwendigkeit eines Schulungsweges für den Lehrer deutlich angesprochen. Auf diesem Wege verwandeln sich die Seelenkräfte. Der Lehrer kann also, wenn er unterrichten will, nicht bleiben wie er ist, sondern muß in diesen inneren Verwandlungsprozeß eintreten. Dann vollzieht sich in einer dritten Stufe das "Erinnern der Menschenkunde aus dem Geistigen heraus"[14]. Dieses Schaffende, das schöpferische Sich-Erinnern, ist "zugleich ein Aufnehmen aus der geistigen Welt". Das überträgt sich unmittelbar in die äußere Arbeit und wird zur pädagogischen Kunst.

"Er muß Menschenkunde aufnehmen, Menschenkunde verstehen durch Meditieren, an Menschenkunde sich erinnern: da wird das Erinnern lebendiges Leben ... Da kommt die Erinnerung quellend aus dem geistigen Leben. (...) Das heißt, aus dem Geiste heraus pädagogisch schaffen, pädagogische Kunst werden."[15]

Wenn der Lehrer so tätig wird, macht er das, was sich ganz der äußeren Sinnesbeobachtung entzieht und was sich unsichtbar im lebensvollen Zusammenspiel der Kräfte auslebt, die zwischen Lehrer und Kind wirken, zu seiner inneren esoterischen Angelegenheit. Und gerade vom Lehrer hat Rudolf Steiner erwartet, daß er "so recht ein Gefühl, eine Empfindung dafür haben müßte, was das Wesen des Esoterischen als solches ist."[16]

Indem der Lehrer beginnt, aus diesem Geiste heraus tätig zu werden, erschließen sich die spirituellen Quellen der Waldorfpädagogik. Das bedeutet ein Handeln aus dem inneren Wesen der Anthroposophie heraus, und damit stellt er sich auf dem Gebiet der Pädagogik ganz in dasjenige hinein, was allgemein durch die anthroposophische Bewegung in der Welt gewollt wird: ein konkretes Verhältnis zum Geist zu finden.

Es ist aber ein immer wieder neu zu belebender Weg, der Waldorfpädagogik so zur Erziehungskunst werden läßt. Was auf diesem Wege erreicht wird, hängt ganz von der inneren Aktivität des einzelnen Lehrers ab. Das kann nicht von außen vermittelt werden, denn es ist in die Freiheit eines jeden einzelnen gestellt, ob er sich auf diesen Weg begeben will oder nicht.

Die hier skizzierten drei Stufen des Schulungsweges des Lehrers vollziehen sich nicht notwendigerweise in einem zeitlichen Nacheinander, sondern durchdringen sich auf dem Wege der Entwicklung.

II. Die spirituellen Hintergründe der Waldorfpädagogik

Für den Erzieher und Unterrichtenden der Gegenwart ist vor allen Dingen nötig,

"einzudringen in die großen Kulturströmungen der Gegenwart. Der Erzieher hat es ja mit der heranwachsenden Menschheit zu tun. (...) Und es ist eine Notwendigkeit, daß der Erzieher und Unterrichter, indem er sich mit der heranwachsenden Menschheit zu beschäftigen hat, etwas ahnt von dem Zeitalter und seinem Charakter, worin eben die heutige junge Generation der Menschheit hineinwächst. (...) Der äußerste physische Waffenkampf (Erster Weltkrieg, F.L.) ... wird gefolgt sein von einem Geisteskampf, der auch ein Äußerstes darstellen wird von dem, was die Menschheit bisher in der geschichtlichen Entwicklung erlebt hat. Man wird sehen, daß an diesem Geisteskampf die ganze Erde teilnehmen wird, und daß in diesem Geisteskampf Orient und Okzident mit Gegensätzen geistiger und seelischer Art stehen werden, wie sie noch nie dagewesen sind. (...) In diesen großen Geisteskampf, für den alle sozialen und sonstigen Bestrebungen der Gegenwart nur das Vorspiel sind, gewissermaßen nur Propädeutik, in diesen Geisteskampf wächst unsere junge Generation hinein, und sie wird gerüstet sein müssen mit Kräften, von denen sich die heutige Menschheit, auch die pädagogisierende Menschheit, vielfach nichts träumen läßt."[17]

Diese aufrüttelnden Worte sprach Rudolf Steiner kurz nach dem Ende des Ersten Weltkrieges, wenige Wochen vor Eröffnung der ersten Waldorfschule. Was ist seit dieser Zeit alles geschehen! Sind diese Worte heute nicht ebenso aktuell und ebenso ernst zu nehmen wie damals?! Vielleicht gerade heute, wo sich vieles so scheinbar lautlos und wie verborgen hinter äußerem Wohlstand und "Frieden" abspielt? Müssen wir nicht aufgerüttelt werden bei der Frage, wo wir heute bezüglich dieses Geisteskampfes stehen? - Die der Menschheitsentwicklung entgegenstrebenden geistigen Kräfte wirken heute, das läßt sich aus vielen Zeiterscheinungen deutlich ablesen, mit ungeheurer Macht gezielt in die Richtung, den Menschen von seiner eigentlichen Aufgabe abzulenken. Diese Aufgabe besteht darin, daß der Mensch aus der Freiheit seines Ich heraus den Anschluß findet an eine spirituelle Weltauffassung, die konkret mit den geistigen Welten rechnet.

Um die Bedeutung dieser Aufgabe in ihrer Tragweite für die Gegenwart und Zukunft besser erfassen zu können, ist es hilfreich, auf die Geistesentwicklung der Menschheit als Ganzes hinzuschauen. Daher sei es erlaubt, wenigstens in groben Zügen auf diese einzugehen.[18]

Der "Fall in die Materie"

Wenn wir zurückgehen in früheste Epochen der Menschheitsentwicklung, kommen wir in Zeiten, in denen die Menschen noch unmittelbar mit der geistigen Welt und den geistigen Wesen verbunden waren. Sie lebten noch mit den Göttern. In Zuständen eines traumhaft dämmerhaften Hellsehens erlebten sie das Wirken der geistigen Welt, und sie handelten stets in Einklang mit den Impulsen, die ihnen aus diesen Welten erflossen. Ein Handeln aus eigenem inneren Antrieb war dadurch noch nicht möglich.[19]

Nach und nach ging diese selbstverständliche Verbindung mit der übersinnlichen Welt verloren, das lebendige Zusammenleben mit den Göttern verdunkelte sich zunehmend. In den anschließenden Kulturepochen blieb aber noch eine lebendige Erinnerung an das frühe Erleben der geistigen Welt erhalten. So sah der alte Inder zum Beispiel in der geistigen Welt die wahre Heimat der Menschenseele, während die physische Sinneswelt für ihn Maja, Illusion, Täuschung war.

In der Folgezeit ging auch dieser Zusammenhang verloren. Die "Tore der geistigen Welt" wurden für das Bewußtsein der Menschen verschlossen. Seitdem war der Mensch in seiner Anschauung auf die äußere Sinneswelt beschränkt. Der Verstand verarbeitete die Eindrücke, die ihm die Sinne vermittelten, und wollte der Mensch nun etwas über die geistige Welt erfahren, konnte er das nur noch durch eigenes Nachdenken erreichen, denn die Anschauung dafür war ihm nicht mehr gegeben.

Mit dem Aufkommen der Naturwissenschaft ging man aber zunehmend dazu über, die Erkenntniskräfte ausschließlich auf das Erfahren der materiellen Welt auszurichten, denn nur auf diesem Felde glaubte man zu objektiven Erkenntnissen zu gelangen. Indem die Naturwissenschaft ihren Siegeszug durch die Welt antrat, machte sich gleichzeitig zunehmend die Auffassung geltend, es gäbe nur diese Welt, die man mit den Sinnen so klar erkennen und erforschen kann. Der Materialismus, der nur die irdische Welt anerkennt, wurde zur herrschenden Lebensauffassung.

Der Sinn dieser Entwicklung - der Abstieg des Menschen aus der geistigen Welt in die Sinneswelt - liegt in der Ausbildung des individuellen Selbstbewußtseins, des individuellen Ich. Damit ist der "Fall in die Materie" eine Notwendigkeit für den inneren Fortschritt des Menschen auf dem Wege hin zur Persönlichkeitsbildung. Er mußte den Blick nach "oben" ganz verlieren, um sich dann, nach "unten" gewandt, am Widerstand der äußeren physischen Welt in seinem Innern als Eigenwesen zu erleben und zu festigen. Damit war auch die Voraussetzung gegeben, daß in der Menschenseele das Bewußtsein der Freiheit erwachsen konnte.

Ein neues Erleben der geistigen Welt und die Aufgabe der Geisteswissenschaft

Während die Bewußtseinsverdunkelung für die geistige Welt auf ihrem Höhepunkt angelangt war, vollzog sich mit dem Beginn des 20. Jahrhunderts in den unbewußten Seelenregionen des Menschen eine bedeutungsvolle Veränderung. Schon zu Beginn dieses Jahrhunderts hat Rudolf Steiner deutlich darauf aufmerksam gemacht, daß die Menschheit einem neuen Erleben der geistigen Welt entgegengeht.[20] In den unbewußten Seelentiefen werden sich auf natürliche Weise Fähigkeiten ausbilden, durch die reale, wenn auch schattenhafte, geistige Wahrnehmungen möglich werden. Zunächst wird sich dies bei wenigen Menschen zeigen, im Laufe der Zeit aber immer mehr zum Vorschein kommen. Was so aus den Seelenuntergründen herauf will, drückt sich zunächst in einer tiefen Sehnsucht aus, wieder Anschluß zu finden an eine geistgemäße, spirituelle Lebensauffassung und -gestaltung, die aus dem Materialismus der Zeit hinausführen kann. Alles Suchen der heutigen Jugend muß vor diesem Hintergrund gesehen werden.

Diese angedeuteten Fähigkeiten werden sich aber nur dann in rechter Weise entwikkeln können, wenn der Mensch sich ein Bewußtsein davon erarbeitet, daß es ein wirkliches Erleben des Geistigen bedeutet, daß es die geistige Welt wirklich gibt. Dazu ist es nötig, daß er sich selbst als geistiges Wesen erkennt und sich aus eigener Aktivität im Innern zur geistigen Welt erhebt.

Indem Rudolf Steiner zu Beginn dieses Jahrhunderts die Anthroposophie als Geisteswissenschaft ausbildet, stellt er sie ganz in den Dienst dieser Menschheitsaufgabe, und deutlich weist er darauf hin, "daß unsere Zeit die Pflege übersinnlicher Erkenntnisse *braucht*" [21]. Indem der Mensch in sein Bewußtsein aufnimmt, was sich aus der Geisteswissenschaft ergibt, ist der Anfang zu einer Spiritualisierung des Denkens gegeben, und auf diesem Wege ist es möglich, die starren abstrakten Begriffe, die nur Totes erfassen können, in lebendige, bewegliche Begriffe umzuwandeln, die allein in der Lage sind, Geistig-Wesenhaftes zu erfassen.

An der Materie hat der Mensch gelernt, die klare Gedankenkraft auszubilden; er hat sie mit Materieinhalt erfüllt und muß sie jetzt wieder verlebendigen, damit sie Geistinhalt erfassen kann. Damit ist die Aufgabe angedeutet, die sich dem Menschen in der heutigen Zeit stellt.

Geisteskampf im Menschen

Die geistige Welt ist dem Menschen heute wieder nahe, und er kann sich durch die Aufnahme der Geisteswissenschaft auf ein Erleben derselben vorbereiten. Aber die geistige Welt drängt sich dem Menschen nicht auf. Sie weist ihm gleichsam nur die Wege, die ihn zu einem spirituellen Leben führen können. Diese zu ergreifen ist ganz in die menschliche Freiheit gestellt.

Es hängt aber für die weitere Entwicklung Bedeutendes davon ab, sich dieser Aufgabe zu stellen, denn die Einflüsse, die darauf zielen, den Menschen mit seinem seelisch-geistigen Leben vollständig an die Materie zu ketten, wirken mit ungeheurer Wucht auf ihn ein. - Mit eindringlichen Worten hat Rudolf Steiner auf die Gefahren dieser Entwicklung aufmerksam gemacht:

"Wir werden als Menschheit einlaufen in eine Entwicklung der Intelligenz so, daß die Intelligenz wird die Neigung haben, nur das Falsche, den Irrtum, die Täuschung zu begreifen und auszudenken nur das Böse (...), daß es immer mehr und mehr unmöglich wird, durch die bloße Intelligenz das Gute zu erkennen. Die Menschheit ist heute in diesem Übergang. Wir können sagen: Gerade noch gelingt es den Menschen, wenn sie ihre Intelligenz anstrengen und nicht in sich ganz besonders wilde Instinkte tragen, nach dem Lichte des Guten etwas hinzuschauen. Aber diese menschliche Intelligenz wird mehr und mehr die Neigung bekommen, das Böse auszudenken und das Böse dem Menschen einzufügen im Moralischen, das Böse in der Erkenntnis, den Irrtum."[22]

Jeder einzelne Mensch ist in diesen Geisteskampf hineingestellt. Dieser Kampf spielt sich nicht irgendwo außerhalb seiner selbst ab, sondern in seinem eigenen Innern. Und es stehen dem Menschen im Grunde nur zwei Wege offen: entweder er hält weiterhin fest an dem Materialismus, der in der Konsequenz alles seelisch-geistige Leben tötet, oder aber er sucht die Wege, die ihn zu einer Auferstehung des Denkens aus der Kraft des Geistes führen können. Dann aber wird der Mensch auch die Möglichkeit finden, sich in seinem tiefsten Innern mit dem höchsten geistigen Wesen der Weltentwicklung verbunden zu wissen: mit dem Christus.

Die zentrale Bedeutung des Mysteriums von Golgatha

"Es ist schon so, daß der Mensch in dem Christus-Bewußtsein, in dem Vereinigtsein mit dem Christus findet die Möglichkeit, dem Bösen, dem Irrtum zu entrinnen."[23]

Es gehört zu den Hauptanliegen der Anthroposophie, ein neues Verständnis für das größte welthistorische Ereignis zu wecken, das mit dem Mysterium von Golgatha geschehen ist, und durch die geisteswissenschaftlichen Forschungen Rudolf Steiners enthüllen sich dem heutigen Menschen tiefste Zusammenhänge des Christusimpulses und seine Bedeutung für die gesamte Menschheitsentwicklung.[24]

Mit dem Mysterium von Golgatha ist eine entscheidende Veränderung für die Erdenentwicklung eingetreten. Am Beginn der Zeitenwende stieg die Christuswesenheit aus geistigen Daseinsbereichen zur Erde herab und inkarnierte sich in dem Jesus von Nazareth. Das höchste Gotteswesen verband sich mit dem irdischen Leib eines Menschen. Durch die Auferstehungstat überwand der Christus den Tod, und wir sehen darin das große reale Vorbild für die Besiegung der Todeskräfte aus der Kraft des Geistes.

Nach dem Mysterium von Golgatha aber ist das Christuswesen, welches vorher außerhalb der Erdenwelt lebte, in die irdische Entwicklung übergegangen. Es hat sich mit der Erde verbunden und lebt seit dieser Zeit in der geistigen Sphäre der Erde, die sich unmittelbar an die physisch-materielle Welt anschließt und von Rudolf Steiner als die ätherische Welt bezeichnet wird, und lebt insbesondere in den menschlichen Seelenkräften.

Durch das Mysterium von Golgatha wurde damit die lebendige Kraft der Erdenentwicklung einverleibt, die die Menschheit nach ihrem Fall in die Materie wieder zu dem Erringen einer spirituellen Lebensauffassung führen kann. Und indem die Menschen seit

Beginn des 20. Jahrhunderts anfänglich einem neuen Erleben der geistigen Welt entgegengehen, bedeutet dies ein Hineinleben gerade in diejenige Welt, in der der auferstandene Christus nach dem Mysterium von Golgatha zu finden ist, die ätherische Welt, die mit der geistigen Wesenheit des Menschen unmittelbar verbunden ist.

Die Bedeutung des Christusimpulses für die Waldorfpädagogik

Damit werden wir auf die tiefsten spirituellen Hintergründe hingewiesen, die sich für die heutige Menschheit ergeben haben und aus denen Rudolf Steiner 1919 die Waldorfschule begründete. Und indem er in dem schon zitierten Vortrag[25] auf die Gefahren der Intelligenzentwicklung aufmerksam macht, führt er daran aus, daß es keineswegs darum geht, sich von den Fähigkeiten, die sich die moderne Menschheit im Laufe der geschichtlichen Entwicklung erworben hat, abzuwenden. Es kann nicht gemeint sein, die Intelligenz zu unterdrücken, sondern es muß die Möglichkeit und Kraft gefunden werden, in der Durchdringung der Intelligenz mit der Christuskraft, diese Intelligenz selber umzuwandeln. Insbesondere für den Lehrer und Erzieher stellt sich diese Aufgabe, denn er arbeitet an den Seelenkräften des Kindes, die sich im Laufe der Kindheit und Jugend entwickeln.

"Man muß mit dem Bewußtsein unterrichten, daß man eigentlich bei jedem Kinde eine Rettung zu vollziehen hat, daß man jedes Kind dahin bringen muß, im Lauf des Lebens den Christus-Impuls in sich zu finden, eine Wiedergeburt in sich zu finden.

Solche Dinge, sie lebt man da, wo man sie zum Beispiel nötig hat als Lehrer, als Erzieher ... nur aus, ... wenn man in der Seele stark erfaßt ist von diesen Dingen. Von der Lehrerschaft insbesondere muß es gefordert werden, daß sie in ihrer Seele stark erfaßt wird von diesem Sorgenvollen für die Menschheit, welche Versuchung der Intellekt mit sich bringt! (...)

Empfindet man den Sinn der Erde in dem Mysterium von Golgatha, kann man sich aufraffen dazu, sich zu sagen: Die Entwicklung der Erde wäre sinnlos, wenn die Menschen durch ihre Intelligenz dem Bösen, dem Irrtum verfallen würden. Empfindet man so den Sinn des Mysteriums von Golgatha, dann empfindet man als sinnlos die Erdenentwicklung ohne das Mysterium von Golgatha. Damit muß man sich stark, sehr stark durchdringen, wenn man heute und in der Zukunft etwas tun will, um den Menschen zu erziehen, den Menschen zu unterrichten."[26]

Es muß auch an dieser Stelle noch einmal ausdrücklich betont werden, daß diese Dinge nicht als Unterrichtsinhalt an der Waldorfschule gedacht sind. Es geht hier nur darum zu zeigen, aus welchen Hintergründen heraus die Waldorfschule begründet wurde, Hintergründe, die in den Lehrern leben können.

Indem Rudolf Steiner, bis in Einzelheiten des Lehrplans und des Unterrichts hinein, entwickelte, was sich auf der Grundlage der anthroposophischen Menschenkunde ergab[27], legte er den Grundstein für eine Pädagogik, die ganz dem Geiste der Zeit gemäß für eine gesunde Entwicklung der Kinder eintritt, einer Zeit, in der Entscheidendes davon abhängt, daß sich durch eine gesunde Entwicklung der menschlichen Seelenkräfte - Denken, Fühlen und Wollen - eine gesunde Ich-Entwicklung ermöglicht wird, so daß der junge Mensch, wenn er die Schule verläßt, in der Lage ist, aus dem Vollbesitz seiner menschlichen Kräfte, sich den Aufgaben seiner Zeit zu stellen.

Diejenigen, die von Rudolf Steiner berufen waren, als Lehrer die Arbeit an der Waldorfschule aufzunehmen, waren zutiefst erfüllt von der Aufgabe, vor der sie standen. Sie spürten die Verantwortung, die mit dieser Schulgründung verbunden war und die Rudolf Steiner als einen "Festesakt der Weltenordnung"[28] bezeichnete.

Im Hinblick auf das, was damals in Stuttgart gleichsam als das "Urbild" der Waldorfpädagogik erschien[29], läßt sich heute noch erahnen, wie die befeuernde Kraft, die von Rudolf Steiners Wirken ausging, sich durch die Lehrer bis in den Unterricht hinein fortsetzte und wie sehr Herzenswärme und Liebekraft alles Arbeiten durchströmte. So konnte Rudolf Steiner bei der Feier zum Beginn des fünften Schuljahres im April 1923 sagen:

"Und seht ihr (an die Kinder gerichtet, F.L.), eure Lehrer werden so gute Lehrer sein zu euch, weil sie sich bemüht haben, den Christus kennenzulernen. (...) Das ist dasjenige, was euch aber von Anfang an vorschweben soll, daß eure Lehrer erfüllt sind von der Kraft, die ausgeht von diesem größten Wohltäter der Menschheit. Und das ist es, was ich weiß, daß ich es nicht brauche zu sagen in irgendeiner auffordernden Weise, sondern nur auszusprechen als eine Tatsache, daß Ihr, meine lieben Lehrer, diese Kinder heranzieht und unterrichtet in dem Sinne, daß sie von Euch wirklich ihr ganzes Leben hindurch empfinden werden, Ihr seid diejenigen Wohltäter, die das selbst sein können durch die Kraft, welche in Ihre Herzen dringt von dem Mysterium von Golgatha."[30]

Und ein Jahr später bei der Schuljahreseröffnungsfeier:

"Wir wollen arbeiten, mutig und mit Enthusiasmus den Unterricht und die Erziehung aufnehmen, die Vorbereitung für die Lebensschule auch im neuen Schuljahr. So mag es geschehen, dann wird die Schule geleitet werden durch den höchsten Führer, durch den Christus selber. So mag es in dieser Schule zugehen. Vorwärts wollen wir schreiten aus Enthusiasmus für die Sache heraus und auch aus Liebe zu den Kindern, an denen die Lehrer sich so erfreuen und an denen sie so gut arbeiten können. So wollen wir mit Liebe und Begeisterung in den Kinderherzen, mit Liebe und Begeisterung in den Lehrerherzen weiterarbeiten."[31]

Sechs Jahre lang war Rudolf Steiner der Leiter der Waldorfschule, von der Gründung 1919 bis zu seinem Tode im Jahre 1925. In allen Fragen stand er den Lehrern beratend und helfend zur Seite: "Er gestaltete die Lebenssubstanz für alle Beteiligten: Lehrer, Kinder und für viele Eltern."[32] Großes war mit der Gründung der Waldorfschule beabsichtigt und Rudolf Steiner sah in ihr ein "Wahrzeichen für die Fruchtbarkeit der Anthroposophie innerhalb des geistigen Lebens der Menschheit."[33]

Aber es war die Waldorfschule für ihn auch ein Kind der Sorge:

"Für mich selbst wird diese Waldorfschule ein wahrhaftiges Sorgenkind sein. Und ich werde immer wieder und wiederum mit meinen Gedanken sorgend auf diese Waldorfschule zurückkommen müssen. Aber wir können, wenn wir den ganzen Ernst der Lage betrachten, wirklich gut zusammenarbeiten. Halten wir uns namentlich an den Gedanken, der ja unser Herz, unseren Sinn erfüllt: daß mit der geistigen Bewegung der Gegenwart doch ebensogut geistige Mächte des Weltenlaufes verbunden sind. Glauben wir an diese guten geistigen Mächte, dann werden sie inspirierend in unserem Dasein sein und wir werden den Unterricht erteilen können."[34)]

Die innere Revolution der Seele als Zeitnotwendigkeit

Indem man sich in dasjenige vertieft, was Rudolf Steiner mit der Gründung der Waldorfschule beabsichtigt hatte, und indem man sich ferner vor Augen führt, wohin uns die Gegenwartszivilisation von 1925 bis 1989 geführt hat, beginnt man zu ahnen, wie tief wir heute in dem oben zitierten Geisteskampf darinnenstehen.

Die Einflüsse, die heute der Ich-Entwicklung entgegenstreben, haben sich schon rein äußerlich betrachtet um ein Vielfaches gesteigert. Bereits im frühesten Kindesalter setzen sie mit aller Wucht an. Man denke zum Beispiel nur an die Wirkungen des Fernsehkonsums im Kindesalter, die die Ausbildung der lebendigen Phantasiekraft und der inneren seelischen Aktivität des Kindes in bedrohlicher Weise gefährden. Ferner denke man an die enormen Einflüsse unserer modernen wettbewerbsorientierten Wohlstands- und Leistungsgesellschaft, die nur nach äußeren Erfolgen, äußerer Leistung fragt und dem Gegenwartsmenschen ständig suggerieren will, daß es nicht lohne, den mühsamen Weg zu einer spirituellen Lebensgestaltung auf sich zu nehmen. Man kann beobachten, wie durch diese Einflüsse die inneren Kräfte der Seele in verheerender Weise erlahmen und in zunehmende Passivität verfallen, und wer weiß nicht von sich selbst, wie sehr man diesen Gefahren ausgesetzt ist. Nur durch einen aktiven inneren Entschluß und, wie Rudolf Steiner es einmal nennt, durch die "innere Revolution der Seele"[35)] ist es möglich, diesen Gefahren zu begegnen.

"Schläfrige Seelen werden ihn vielleicht verschlafen. Den physischen Krieg kann man nicht verschlafen, aber den Geisteskrieg zu verschlafen, werden vielleicht Menschen doch zustande bringen. (...) Aber abspielen wird sich die Sache doch. Und mit all den Kräften, die im Innersten der Seelen liegen, wird der Mensch drinnenstehen in diesem Kampfe.
Der, welcher zunächst daran denken muß, daß wir solchen Zeiten entgegengehen, das muß der Erzieher und Unterrichter sein. Und aus dem Gedanken, aus der Ahnung dessen, was da kommen wird, werden die stärksten Impulse hervorgehen müssen, welche die Pädagogik, welche Erziehung und Unterricht in der nächsten Zeit brauchen."[36)]

Es gilt zu berücksichtigen, daß es geistige Mächte und Kräfte sind, die durch das, was an äußeren Einflüssen auf den Menschen einstürmt, wirken, und es war ein ernstestes Anliegen Rudolf Steiners, daß insbesondere der Lehrer und Erzieher ein Bewußtsein von diesem Wirken bekommt.[37] - Auch in dieser Beziehung kommt man ohne Anthroposophie nicht aus. Sie allein gibt einem die Möglichkeit, sich die nötigen Erkenntnisgrundlagen für die geistigen Wirkenskräfte zu erarbeiten.

Heute stellt sich diese Aufgabe sicher nicht weniger ernst als damals, wohl eher im Gegenteil. Die Waldorfschulen werden geradezu zur Intensivierung der inneren Kräfte aufgerufen, um dann verstärkt dafür einzutreten, was aus anthroposophischer Pädagogik heraus vertreten werden muß.

Zusammenfassend läßt sich sagen: Die Hintergründe der Waldorfpädagogik liegen zum einen in der Tatsache begründet, daß der Mensch nicht nur ein physisch-leibliches, sondern vor allem auch ein seelisch-geistiges Wesen ist, das mit dem Seelisch-Geistigen der Erde und des Kosmos in Zusammenhang steht. Das ist der Mensch immer gewesen, nur hat er im Laufe seiner geschichtlichen Entwicklung das Bewußtsein für diesen Zusammenhang verloren. Nachdem sich auf diesem Wege das Selbstbewußtsein und die Fähigkeit zur Freiheit ausbilden konnten, geht die Menschheit wieder einem Erleben der geistigen Welt entgegen. Für die Zukunft kommt es nun darauf an, alles Handeln aus dem vollen Bewußtsein und dem freien Willen heraus zu gestalten, denn die alten natürlichen Instinkte und Traditionen haben ihre ursprüngliche Tragkraft verloren.

Dadurch, daß es Rudolf Steiner durch den von ihm beschriebenen Erkenntnisweg[38] gelungen ist, in die übersinnlichen Welten erkennend einzudringen, die Beziehungen des Seelisch-Geistigen zum Leiblich-Physischen zu erforschen und so die Anthroposophie als Geisteswissenschaft auszuarbeiten, kann der moderne Mensch in sein Bewußtsein wieder geistige Zusammenhänge und Tatsachen aufnehmen. Das ist notwendig, um der Gesamtwesenheit des Menschen gerecht zu werden. Anthroposophie weist auch die Wege, durch die er die Eigenkräfte der Seele schulen und entwickeln kann, so daß es möglich wird, in der unmittelbaren Lebenspraxis aus realen geistigen Kräften heraus zu arbeiten.

Aus einer Erkenntnis des Menschenwesens in seiner leiblich-seelisch-geistigen Ganzheit und aus der Erkenntnis dessen, was in der gegenwärtigen Zeit für die Entwicklung des heranwachsenden Menschen notwendig ist, wurde die Waldorfpädagogik begründet.

Die ersten Waldorflehrer unter Rudolf Steiner waren erfüllt von den lebendigen Ideen der Anthroposophie bzw. den Ideen einer aus Anthroposophie gewonnenen Erneuerung der Pädagogik. Sie waren sich des inneren Zusammenhangs mit der anthroposophischen Bewegung voll bewußt. Das drückt sich zum Beispiel in der Tatsache aus, daß die meisten von ihnen Mitglied der Anthroposophischen Gesellschaft waren und nach der Weihnachtstagung 1923 auch Mitglied der Ersten Klasse der Freien Hochschule für Geisteswissenschaft wurden (*siehe zu diesem Thema Interview mit Jörgen Smit*; Red.). Während die Waldorfschule vor der Welt vollkommen unabhängig von der Anthroposophischen Gesellschaft als *Freie Schule* begründet wurde, war der innere geistige Zusammenhang von Anfang an gegeben.

Probleme der gegenwärtigen Schulsituation

Heute ist es vielfach umgekehrt: Viele Waldorfschulen bestehen bereits, und durch die verschiedensten Lebenssituationen werden Menschen an die konkrete Arbeit dieser Schulen herangeführt. Oftmals erleben sie zuerst die Praxis der Waldorfpädagogik, und daran entzündet sich dann der Wille, sich tätig für diese einzusetzen. Die Begegnung mit der Anthroposophie eröffnet sich auf diesem Wege erst im Nachhinein, und der Zusammenhang mit der anthroposophischen Bewegung an sich muß erst gefunden werden. In ganz individueller Weise wirkt sich diese Begegnung für das Leben des einzelnen aus. Die Spannbreite der Intensität des Vertrautseins mit der Anthroposophie und der Gestaltung des eigenen Lebens aus den Kräften der Anthroposophie ist an den Waldorfschulen heute durchaus groß geworden.

Ein mehr grundsätzliches Problem ergibt sich dadurch, daß durch die enormen Anforderungen, die der Schulalltag mit sich bringt, oftmals für die Lehrer nicht genügend Zeit und Kraft übrig bleibt, um sich intensiv mit anthroposophischen Inhalten und Fragen auseinanderzusetzen. Das war offenbar schon zu Steiners Zeiten ein Problem. Eindringlich schildert er im Februar 1923 die Situation, daß die Waldorflehrer, die auf ihrem Gebiet Ausgezeichnetes leisteten, sich nicht genügend für die anthroposophischen Belange einsetzten, und daß man eingedenk sein sollte,

"... daß man vor allen Dingen wirklich Anthroposoph bleiben muß, daß man dieses Zentrum nicht verleugnen darf, ... daß man niemals auch nur im Entferntesten auf die Gesinnung kommen soll zu sagen: Ich habe für die allgemeinen anthroposophischen Angelegenheiten keine Zeit. Sonst könnte zwar eine Zeitlang in jeder dieser Unternehmungen (Waldorfschule, Kommender Tag, Medizin, F.L.) Leben sein, weil die Anthroposophie als solche wirklich Leben enthält und geben kann, aber es könnte dieses Leben nicht auf die Dauer unterhalten werden. Es würde versiegen auch für die einzelnen Unternehmungen."[39]

Auch ist die Gefahr, rein aus der Tradition der Waldorfpädagogik zu arbeiten und nicht zum wirklich spirituellen Leben durchzudringen, recht groß, selbst für denjenigen, der womöglich schon lange mit der Anthroposophie lebt. Wie leicht läuft man Gefahr zu meinen, man sei dem Geisteskampf bereits genügend gewachsen, da man doch die Antworten auf das, was in der pädagogischen Praxis nötig ist, die Antworten auf die drückenden Zeitfragen aus der Anthroposophie längst kenne. Und so läuft man Gefahr, auch *mit* der Anthroposophie, *mit* der Waldorfpädagogik schläfrig zu werden.

Die Anthroposophie will aber gar keine Antworten geben, sie will den Menschen dazu aufrufen, selber das Leben aus dem Geiste heraus zu ergreifen. Dieses ist seiner eigenen Wesenheit nach immer lebendig, niemals starr im Sinne fertiger Antworten.

"Die Waldorfschul-Pädagogik ist überhaupt kein pädagogisches System, sondern eine Kunst, um dasjenige, was da ist im Menschen, aufzuwecken. Im Grunde genommen will die Waldorfschul-Pädagogik gar nicht erziehen, sondern aufwekken. Denn heute handelt es sich um das Aufwecken. Erst müssen die Lehrer aufgeweckt werden, dann müssen die Lehrer wieder die Kinder und jungen Menschen aufwecken."[40]

Und so muß bei allen Schwierigkeiten, mit denen die Waldorfschulbewegung heute zu kämpfen hat, vor allem gesagt werden: Wir dürfen nicht schläfrig werden gegenüber dem Geist! Dazu bedarf es jeden Tag neu der bewußten Anstrengung und Wachheit, und das mag heute schwerer sein als 1919. Die befeuernde Kraft, die damals die Menschen um Rudolf Steiner auch allein schon durch die Kraft seiner Persönlichkeit und seines Wirkens erlebten, muß heute jeder ganz aus sich selbst entwickeln. Aber gerade davon wird viel abhängen für die weitere Arbeit der Waldorfschulen, wenn sie in dem Geisteskampf der heutigen Zeit bestehen wollen.

Aus der Anthroposophie ist die Waldorfpädagogik hervorgegangen, sie ist ohne Anthroposophie nicht denkbar. Aus dem vertieften Arbeiten im anthroposophischen Geiste erhält sie ihre lebendige Kraft, und erst wenn zu den spirituellen Quellen vorgedrungen wird, wird Waldorfpädagogik zu dem, was sie ihrer Anlage nach sein will. Die dazu nötigen Begeisterungskräfte können sich an der Anthroposophie selbst entzünden. Sie hat die Kraft in sich, daß sie dem Menschen zur Lebensfackel wird, die ihm auch in ernster Zeit auf seinem Wege leuchten kann.

Anmerkungen:

Soweit nicht anders angegeben, Werke, Aufsätze oder Vorträge Rudolf Steiners. Die GA-Nrn. entsprechen den Bibl.-Nrn. der Gesamtausgabe, die im Rudolf Steiner Verlag, Dornach, erschienen ist.

1) Allgemeine Menschenkunde als Grundlage der Pädagogik; GA 293. Erziehungskunst. Methodisch-Didaktisches; GA 294. Erziehungskunst. Seminarbesprechungen und Lehrplanvorträge; GA 295.

2) Die Erziehung des Kindes vom Gesichtspunkte der Geisteswissenschaft; in GA 34: Luzifer-Gnosis, und als Einzelausgabe.

3) ebd., GA 34, S.329.

4) ebd.

5) ebd., S.332 ff.

6) ebd., S.333.

7) Siehe zum Beispiel: Menschenwesen, Menschenschicksal und Weltentwicklung; GA 226. Schicksalsbildung und Leben nach dem Tode; GA 157a. Das Leben zwischen dem Tode und einer neuen Geburt im Verhältnis zu den kosmischen Tatsachen; GA 141.

8) Allgemeine Menschenkunde...; GA 293, 1. Vortrag.

9) Der innere Aspekt des sozialen Rätsels; GA 193, Vortrag vom 12.09.1919, S.115.

10) ebd.

11) ebd., S.117.

12) Erziehung und Unterricht aus Menschenerkenntnis. Meditativ erarbeitete Menschenkunde; GA 302a, Vortrag vom 21.09.1920. S.51.

13) ebd., S.51.

14) ebd., S.53.

15) ebd., S.52 f.

16) ebd., S.11.

17) Geisteswissenschaftliche Behandlung sozialer und pädagogischer Fragen; GA 192, Vortrag vom 15.06.1919, S.184 f.

18) Vgl. hierzu zum Beispiel: Die geistige Führung des Menschen und der Menschheit; GA 15. Das Ereignis der Christus-Erscheinung in der ätherischen Welt; GA 118, Vortrag vom 25.10.1910.

19) In den Bildern und Mythen der Völker haben sich die einzigen äußeren Hinweise auf den Bewußtseinszustand der Menschen dieser alten Zeiten erhalten. Die Mythen wurden allerdings erst in wesentlich späterer Zeit schriftlich festgehalten.

20) Das Ereignis der Christus-Erscheinung...; GA 118. Geistige Wirkenskräfte im Zusammenleben von alter und junger Generation. Pädagogischer Jugendkurs; GA 217, Vorträge vom 03.10. und 04.10.1922.

21) Theosophie - Einführung in übersinnliche Welterkenntnis und Menschenbestimmung; GA 9, Tb-Ausgabe, S.13.

22) Die Erziehungsfrage als soziale Frage; GA 296, Vortrag vom 16.08.1919, S.89.

23) ebd., S.92.

24) Aus der Fülle der Darstellungen sei hier, neben dem schon erwähnten Zyklus GA 118, nur hingewiesen auf: Der Christus-Impuls und die Entwickelung des Ich-Bewußtseins; GA 116. Vorstufen zum Mysterium von Golgatha; GA 152.

25) Vgl. Anmerkung 22.

26) Die Erziehungsfrage als soziale Frage; GA 296, S.94 f.

27) Vgl. Anmerkung 1.

28) Allgemeine Menschenkunde...; GA 293, Tb-Ausgabe, S.17.

29) Vgl. hierzu: Gisbert Husemann/Johannes Tautz (Hg.), Der Lehrerkreis um Rudolf Steiner, Stuttgart 1977.

30) Rudolf Steiner in der Waldorfschule; GA 298, S.169.

31) ebd., S.205.

32) Gisbert Husemann in: Der Lehrerkreis..., a.a.O., S.7.

33) Rudolf Steiner, ebd., S.405.

34) Erziehungskunst...; GA 294, Tb-Ausgabe, S.195.

35) Der innere Aspekt des sozialen Rätsels; GA 193, S.95.

36) Geisteswissenschaftliche Behandlung...;GA 192, S.203.

37) Als Erkenntnisgrundlagen hierfür sei nur hingewiesen auf: Die soziale Grundforderung unserer Zeit; GA 186. Geisteswissenschaftliche Behandlung sozialer und pädagogischer Fragen; GA 192.

38) Siehe: Wie erlangt man Erkenntnisse der höheren Welten?; GA 10.

39) Anthroposophische Gemeinschaftsbildung; GA 257, Vortrag vom 13.02.1923, S.84. Siehe auch: Vortrag vom 23.01.1923.

40) Pädagogischer Jugendkurs; GA 217, Vortrag vom 04.10.1922, S.36.

3 auf einen Streich

Sonderheft Nr. 5
DIE GRUNDFRAGE DER DEMOKRATIE
Wie kann die Rechtsgemeinschaft ihre Souveränität praktizieren?
Forschungsergebnisse aus dem
Achberger Institut für Dreigliederungsentwicklung
Ca. 200 Seiten, kart., ca. DM 14,80 (Sommer 1989)

ISBN 3-926841-18-4

Heft 24
DIREKTE DEMOKRATIE
1789-1989 - 200 JAHRE FRANZÖSISCHE REVOLUTION
240 Seiten, kart., DM 14,80

ISBN 3-926841-16-8

Heft 25
"ALLE STAATSGEWALT GEHT VOM VOLKE AUS"
Die direkte Volksgesetzgebung als soziale Meditation
Ca. 200 Seiten, kart., ca. DM 14,80 (Juni 1989)

ISBN 3-926841-17-6

FLENSBURGER HEFTE

Zusammenklang im Gesamt

INTERVIEW MIT STEFAN LEBER ÜBER DIE WALDORFSCHULE
IN DER SOZIALEN WIRKLICHKEIT

von Klaus-Dieter Neumann

Stefan Leber, *geboren 1937. Studium der Politik, Geschichte u.a. in Berlin. Elf Jahre Lehrer an der Oberstufe der Waldorfschule Pforzheim. Seit 1973 Dozent am Seminar für Waldorfpädagogik in Stuttgart. Publikationen: Die Sozialgestalt der Waldorfschule, Stuttgart² 1978. Selbstverwirklichung - Mündigkeit - Sozialität. Eine Einführung in die Idee der Dreigliederung des sozialen Organismus, Stuttgart 1978. Geschlechtlichkeit und Erziehungsauftrag. Ziele und Grenzen der Geschlechtserziehung, Stuttgart 1981 (2. Auflage 1989 unter dem Titel: Die Geschlechtlichkeit des Menschen - Gesichtspunkte zu ihrer pädagogischen Behandlung. Mit Wolfgang Schad und Andreas Suchantke). Die Waldorfschule im gesellschaftlichen Umfeld, Stuttgart 1981. Atomtechnik und Anthroposophie. Die Energiekrise als Prüfstein moralischer Verantwortung, Stuttgart 1982. ... es mußten neue Götter hingesetzt werden. Menschen in der Entfremdung: Marx und Engels, Cieszkowski, Bauer, Hess, Bakunin und Stirner, Stuttgart 1987. Freiheit durch Gewalt? Zum Phänomen des Terrorismus, Stuttgart 1987. Zahlreiche Aufsätze in Sammelwerken und Zeitschriften.*

Aus der Reihe der genannten Publikationen Stefan Lebers seien zwei herausgehoben, die für das Verständnis der sozialen Wirklichkeit der Waldorfschulen von besonderer Bedeutung sind. Zum einen ist es sein Buch "Die Sozialgestalt der Waldorfschule", da in ihm versucht wird, anhand von konkreten Beispielen "etwas von der Gesetzlichkeit des sozialen Handelns innerhalb eines sich lebendig entwickelnden Sozialgebildes aufzufinden". Durch die Kenntnis der Gesetzmäßigkeit von Entwicklungsschritten und Handlungen wird es erst möglich, die Idee der Selbstverwaltung und der Sozialgestalt der Waldorfschule nicht nur abstrakt zu erfassen, sondern - sie in lebendiger Erkenntnis verwandelnd - soziale Wirklichkeit werden zu lassen. Die Wirklichkeit der Sozialgestalt entsteht in einem bewußten Entwicklungsprozeß aller Beteiligten, der Lehrer, Eltern und Schüler.

Zum anderen ist es die Studie "Die Waldorfschule im gesellschaftlichen Umfeld", der ein vom Bundesministerium für Bildung und Wissenschaft geförderter Bericht zugrunde liegt, den eine Gruppe empirisch orientierter Sozialwissenschaftler unabhängig erstellte. In dieser Studie wird durch eine Fülle von Zahlen, Daten und Erläuterungen das soziale Umfeld erhellt und so manches Vorurteil eindrucksvoll und einfach widerlegt.

Aus diesen wenigen Worten mag ersichtlich sein, daß Stefan Leber, der auch im Vorstand des Bundes der Freien Waldorfschulen tätig ist, der geeignete Gesprächspartner ist, um - auch unter anderer Gewichtung - einige Aspekte der sozialen Beziehungen einer Waldorfschule zu beleuchten.

Die Ausbreitung der Waldorfschulen in der Welt

Klaus-Dieter Neumann: Die Waldorfpädagogik und die Waldorfschulbewegung breiten sich insbesondere in den letzten zwanzig Jahren in erstaunlichem Maße aus. Weltweit mögen es jetzt rund 420 Schulen sein. Was ist, bei unterschiedlicher Ausgestaltung in den verschiedenen Kulturkreisen der Erde, das allen Gemeinsame?

Stefan Leber: Die Intention, die mit der Waldorfschule verbunden ist, ist ja eine kindbezogene Pädagogik, und von diesem Ansatz her ist die Waldorfschule eigentlich in ihrem Anspruch menschheitlich. Ihre Pädagogik muß unabhängig von Kulturkreisen möglich sein.

Trotzdem wird sicher zu differenzieren sein, denn bisher ist die Ausbreitung nur bemerkbar in Räumen, wo zuvor mehr oder weniger europäische Kultur bzw. deren Ableger festzustellen sind, zum Beispiel in Australien, Neuseeland, Südafrika, Südamerika oder Nordamerika. Überall dort hat sich im Anschluß an den Kolonialismus europäische Kultur breitgemacht, und im Gefolge dieser europäischen Kultur sind Waldorfschulen entstanden; nicht aber in ganz eigenkultur-geprägten Räumen wie etwa im Bereich des Islam, Japan oder China.

K.-D.N.: Im Mai 1985 wurde in Tokio die Japanische Anthroposophische Gesellschaft nach längerer Vorbereitungszeit begründet. Die Anthroposophie findet in Japan also Lebensbedingungen vor. Warum gibt es dort noch keine Waldorfschule?

S. Leber: Es sind sicher in den verschiedenen Seminaren über 100 Japanerinnen und Japaner ausgebildet worden, aber das dortige Schulsystem mit einem hochausgebildeten Ausleseprinzip und Statusdenken läuft derart den Intentionen der Waldorfschule zuwider, daß es sicher nicht ganz leicht sein wird, dort eine Schule kulturell zu etablieren. Allein die Tatsache, daß ein Schüler dort bis zur sechsten Klasse 2.000 Schriftzeichen beherrschen muß, stellt Anforderungen auch an die Waldorfpädagogik: Wie bringt man die 2.000 Schriftzeichen bildhaft bei, wo wir mit 26 Buchstaben schon genug zu leisten haben? Das wird also sicher noch einige Zeit brauchen.

Vorausgesetzt werden muß, daß innerhalb gesellschaftlicher Gruppierungen eine andere Anschauungsweise, als sie gegenwärtig in Japan vorherrscht, Platz greift.

K.-D.N.: Gibt es Bestrebungen in sozialistischen Ländern, zum Beispiel in Polen, Waldorfschulen zu begründen?

S. Leber: Anthroposophie ist auch im Ostblock bekannt. Wie andere Anschauungsweisen und Erkenntnisrichtungen auch, lebt sie aber im Untergrund, weil sie mit der herrschenden Lehre nicht konform geht. Und da gibt es zweifellos auch Überlegungen, wie man eine Pädagogik, die sich am Kind orientiert und nicht an gesellschaftlichen Normen und Zielvorstellungen, wie etwa den Menschen für den Sozialismus zu erziehen, auch institutionell wirksam werden lassen kann. Da wird es immer das Problem geben, daß Menschen, die diese Pädagogik aus Einsicht tragen wollen, in einem totalitären System sich privat mit geistigen Fragen und neuen Erziehungsmodellen beschäftigen können, in jedem Fall bei der Begründung einer Einrichtung aber abhängig sind von den Genehmigungen von seiten der Obrigkeit. Und da mag es sein, so wie man von Polen hört, daß im Bereich der Kindergärten, wo ein zu geringes Angebot da ist, auch Alternativen zugelassen sind, wenn sie aus freier Initiative getragen werden.

Im Schulbereich haben wir erlebt, daß nach 1945 sich ja die Schule in Dresden wiederbegründet hat. Als dann die SED die Macht übernommen hatte, mußte die Schule schließen, weil im totalitären System eben nur eine Auffassung zugelassen ist und keine pluralistischen Weltzugänge.

Wesenszüge der Waldorfpädagogik

K.-D.N.: Der pädagogische Ansatz ist also das allen Waldorfschulen Gemeinsame. Könnten Sie die grundsätzlichen Wesenszüge dieser Pädagogik einmal charakterisieren?

S. Leber: Ja, ich erwähnte schon die Orientierung am Kind. Diese beinhaltet, daß nicht irgendwelche Lehrinhalte das Primäre sind, auch nicht Unterrichtsorganisationsformen, sondern daß hingeschaut und gefragt wird: Welche Kräfte leben in dem Kind?

Und da kann man zwei Pole ausmachen. Auf der einen Seite das, was Tätigkeit, Willensbewegung, Umtrieb, Spielen, Zappeln usw. beim Kind ist - anthroposophisch gesprochen: der Willenspol. Auf der anderen Seite den Pol, der mit dem Bildschaffenden, mit dem Vorstellungsleben zusammenhängt, durch den das Kind, genau wie der Erwachsene, verstehend versucht, sich einen Zugang zur Welt zu erschließen.

Und wenn man beide Pole als menschlich konstituierend anerkennt - allerdings im Leben sich wandelnd, denn das Kind lebt, je jünger desto stärker, ganz aus dem Willen heraus und erst allmählich kommt das Bildschaffende, das Vorstellungsleben, in ihm zum Zug und verwandelt sich dann stufenweise -, dann wird Pädagogik immer so angelegt sein müssen, daß diese beiden Pole je nach Wandlung durch die einzelnen Altersstufen im Unterricht ein entsprechendes Angebot erhalten, eine entsprechende Bildung erfahren.

Und zwischen diesen beiden Polen lebt und webt der Bereich des Gefühls, der Emotion, wie man das heute nennt. Auch dieser Bereich bedarf der Förderung und Bildung durch entwicklungsspezifische Angebote. Deshalb kann man sagen: Das pädagogische Bemühen um den Zusammenklang zwischen willenshafter Tätigkeit, künstlerischer Betätigung, stark das Gefühl ansprechend, und dem Bildschaffenden, der Vorstellungspflege und -ausbildung, ist das allen Waldorfschulen über die Erde hin Gemeinsame.

Anthroposophie als "Bewußtsein seines Menschentums" - Anthroposophische Menschenerkenntnis

K.-D.N.: Pädagogisches Handeln setzt Menschen- und Welterkenntnis voraus, sowohl ein fundiertes anthropologisches Menschenbild als auch Selbsterkenntnis und Entwicklung des Lehrers. Könnten Sie in wenigen Worten das Menschenbild charakterisieren, daß der Waldorfpädagogik zugrunde liegt?

S. Leber: Der Begriff Menschenbild kommt bei Steiner selbst nie vor. Er lehnt den Begriff ab, denn Bild ist immer Bild von etwas, ist also nicht die Wirklichkeit selbst. Anthroposophie möchte aber menschliche Wirklichkeit erfassen. Deshalb gibt es da allenfalls Menschenverständnis oder Menschenerkenntnis, aber nicht Menschenbild.

K.-D.N.: Wie sieht diese menschliche Wirklichkeit aus?

S. Leber: Die ist eine Je-neu-zu-Schaffende. Steiner umschreibt einmal Anthroposophie als "Bewußtsein seines Menschentums". Das heißt also, daß die Erkenntnis des Menschen voraussetzt, daß man eine gewisse Selbsterkenntnis vom Sein des eigenen Menschentums hat, von seiner Würde und der Würde des anderen.

Wenn man das kurz auf eine Formel bringen will, kann man sagen: Das anthroposophische Menschenerkennen sieht und zielt darauf, daß der Mensch als geistiges Wesen sich in der Inkarnation eines Leibes bemächtigt. Dieser Leib ist Instrument und wird als Instrument von einem Geist betätigt. Und in Handlungen gestaltet sich dann dieses Geistige als Entwurf einer Biographie aus.

Das ist jetzt vielleicht etwas abstrakt formuliert, aber ein biographisches Verständnis: Wie taucht ein Wesen, das mit Fähigkeiten und Anlagen zu Fähigkeiten begabt ist, ein in die Leiblichkeit und wie setzt es sich mit den Anforderungen der Umwelt auseinander? Wie entwirft es dahinein die ganz unverwechselbaren Spuren seines Eigenseins und wie erfüllt es Aufgaben, die sich aus dem Mitmenschlichen heraus stellen? Darum handelt anthroposophisches Menschenverstehen und darauf zielt die anthroposophische Erkenntnis ab: hier Bewußtsein, Zielstrebigkeit und Handlungstüchtigkeit auszubilden.

K.-D.N.: Kann man sagen, daß dieses Menschenverständnis also beinhaltet, daß sich eine Individualität zur Inkarnation anschickt, durch verschiedene Phasen Fuß faßt hier auf der Erde und in diesen Phasen Schritt für Schritt begleitet werden muß, um ihre Fähigkeiten optimal entfalten zu können, ihre Mündigkeit zu erreichen und voller Erdenmensch zu werden?

S. Leber: Ja, in diesem Sinne kann man die anthroposophische Menschenerkenntnis an ein ganz rationalistisches Konzept anschließen, wie es erstmals von Lessing in der "Erziehung des Menschengeschlechts" formuliert wurde, wo man den Gedanken etwa so findet, daß Aufgabe des menschlichen Lebens sei, Fähigkeiten auszubilden. Und nun gibt es neben unendlich vielen speziellen Fähigkeiten gewisse grundmenschliche Fähigkeiten, die in ihrer Qualität jeweils voneinander unterschieden sind. Lessing unterscheidet, wenn man will, zwei große Grundfähigkeitstypologien: Die eine ist die völlige Hingabe an das Gesetz, die Ergebung an das Gebot, etwa an die mosaischen Gesetze. Die andere ist dann die Fähigkeit, wie sie das Christentum fordert vom Menschen: für den anderen und vom anderen her zu handeln, also stark von sich abzusehen. Und in der Konsequenz betrachtet, schließen sich diese beiden Grundfähigkeiten typologisch aus. Sie sind Aporien.

Wie aber kann ich diese Aporien überwinden, sie zur Versöhnung bringen? Also Gehorsam gegenüber dem Gesetz einerseits und das Denken und Handeln vom anderen her, aus der eigenen erworbenen moralischen Fähigkeit heraus, andererseits. Die Versöhnung dieser sich ausschließenden Fähigkeiten kann nur in der Zeit, im Nacheinander, also durch Entwicklung vollzogen werden. Das führt dann Lessing zum notwendigen Gedanken der Wiederverkörperung des Geistes, und von dem geht die Anthroposophie aus.

Die grundmenschliche Fähigkeit hat also immer universeller zu werden, und das ist niemals in kurzer Zeit und "auf die Schnelle" zu erreichen, sondern muß in einem und in wiederholten Erdenleben erübt werden, in sich folgenden und bedingenden Inkarnationen. Daher ist ein notwendiges Grundverständnis der Anthroposophie, zu suchen: Wo tritt im Menschen etwas an Kraft in die Erscheinung, das aus der Vergangenheit herrührt, und wo tritt etwas auf, das aus der Zukunft hereinwirkt? Beide Pole sind vorhanden und finden sich in den bereits angesprochenen bildschaffenden Kräften und in dem, was in die Zukunft führt, in den Willenskräften wieder. Wie ist der Zusammenklang? Das gilt es immer aufs neue zu enträtseln.

Die Erziehung des Kindes

K.-D.N.: Dem Erwachsenen ist die Möglichkeit gegeben, diesen Doppelstrom der zeitlichen Wirksamkeiten, der sowohl aus der Vergangenheit als auch aus der Zukunft hereinwirkt, in sich selbst zur Geistesgegenwart werden zu lassen. Das Kind ist dazu selbstverständlich nicht in der Lage. Könnte man sagen, daß in der Erziehung die Beziehung des Lehrers zum Kind insofern das Primäre ist - vor allem Fachwissen -, als der Lehrer durch diese Beziehung dem Geistigen, der Individualität des Kindes, zur Gegenwart, also ins Dasein verhelfen sollte?

S. Leber: Ja. In der "Theosophie", dem Grundwerk der Menschenkunde anthroposophischer Betrachtungsart, spricht Steiner davon, daß der Kern des Menschen, das Ich, in Hüllen lebt. Und die Entwicklung des Kindes von der frühen Kindheit über die mittlere, über das Jugendalter zur Mündigkeit hin, sieht ja auch so aus, daß eben zwar alle Kräfte gleich mit der Geburt vorhanden sind, aber in der ersten Lebenszeit vor allem sehr stark der Erziehende durch sein Handeln, das vom Kind nachgeahmt wird, erziehend auf das Kind einwirkt.

Nach dem Zahnwechsel richtet sich das Interesse des Kindes, sein Lernwille vor allem, auf die Art der Gestaltung dessen, was im Unterricht vermittelt wird, und auf die Persönlichkeit, die es vermittelt. Diese muß sich also fragen: Wie gestalte ich den Unterricht und wie ist er dem Verstehenshorizont des Kindes, der ein bildlicher ist, zugänglich? Über die menschliche Beziehung! Das Gefühl steht im Vordergrund, d.h. daß die Eindrücke, die das Kind hat, stark davon bestimmt werden, wie sie vom Gefühl begleitet und tingiert sind. In der Erinnerung kann man erleben, wenn man zurückschaut und diese Zeit in seinem eigenen Leben betrachtet, wie da etwas in dem Raum und in der Zeit dieses Alters gelebt hat, das einem als ungeheurer Reichtum entgegentritt. Und kommt man an einen Ort zurück, den man in dieser Zeit bewohnt hat, erlebt man plötzlich Armut: Alles war früher in eine Nuance des Gefühls getaucht. Der Lehrer muß wissen, daß das Gefühl maßgeblich ist und daß es insofern durch die im Zwischenmenschlichen waltende Autorität erziehend wirkt.

Aber mit der Pubertät wandelt sich das. Da steht nicht mehr die Hinneigung zu einer Persönlichkeit, die Wertschätzung einer Persönlichkeit primär im Vordergrund, sondern das Wissen, das der Erwachsene, der Lehrer, sich erworben hat und vermitteln kann. Der Jugendliche fragt: Was hat der andere mir über das Weltverstehen zu sagen, wie weit ist er eingedrungen? Und dann findet auch eine Auswahl statt, die der Schüler vornimmt, ob er den Betreffenden als kompetent und beachtlich ansehen kann oder eben nicht.

Erst dann ist das Hüllenwesen so weit ausgebildet, daß jetzt der Mensch sich aus sich selbst heraus erfassen kann. Dieses "Aus-sich-Heraus" ist von keinem Erzieher beeinflußbar. Da kann der Erzieher gewissermaßen nur begleitend an den Hüllen arbeiten, nicht aber an dem Ich selbst, das geschütztes Allerheiligstes ist: Selbstbestimmung.

K.-D.N.: Von der Pubertät an kann also nicht mehr in der gleichen Weise erzogen werden wie in den beiden Jahrsiebten vorher, sondern der Jugendliche muß jetzt immer mehr seine Erziehung selbst in die Hand nehmen. Rudolf Steiner spricht in dem Aufsatz: "Freie Schule und Dreigliederung" (in: Aufsätze über die Dreigliederung des sozialen Organismus und zur Zeitlage 1915-1921; GA 24) aus, daß der Jugendliche auf keinen Fall Herrschaft erfahren dürfe, bevor er diese mit dem Bewußtsein durchdringen kann. Und an anderer Stelle (Die gesunde Entwickelung des Leiblich-Physischen als Grundlage der freien Entfaltung des Seelisch-Geistigen; GA 303, 13. Vortrag) weist er darauf hin, daß die seelischen Tumulte der Pubertät notwendig seien und die Ideale sich tumultuarisch ihren Raum brechen, sich ausleben müßten. Man solle dem Menschen diesen Tumult nicht versuchen zu ersparen, da man dadurch gerade sein größter Feind werden würde. - Ich entnehme daraus, daß dieser Tumult nicht unterdrückt werden darf, etwa weil man gern ordentliche Jugendliche hätte, die möglichst ruhig sind, sondern daß der Lehrer versuchen sollte, die Impulse und Ideale, die der Mensch sich aus dem Vorgeburtlichen mitgebracht hat, in ihrer ersten tumultuarischen Erscheinung zu begleiten und ihnen einen Weg in die Welt zu weisen.

S. Leber: Man kann das, was Sie ausgeführt haben, so schildern, daß jetzt im Jugendlichen eben der eigene Zukunftsmensch aufbricht, der sich selbst biographisch Pläne macht. Wenn er mit seinen Idealen in dieser Welt der Zukunft lebt und dann bemerkt, wie die Welt tatsächlich ist, gibt es zwischen dem Ideal und dem Zustand der Gegenwart, wie ihn der Jugendliche erfährt, eine Diskrepanz und danach Aufruhr. Und wenn da mit Unterdrückung geantwortet wird oder der Jugendliche erlebt, daß nur aus Nützlichkeitserwägungen argumentiert wird, dann geht er in die Revolte oder aber in eine passive Haltung. Beide Grundhaltungen sind bemerkbar: immer wieder Aufruhr einerseits und Apathie andererseits. Das Kunststück ist nun, hier ein Gleichgewicht herzustellen.

Der Erzieher sollte das Idealische verstehen und in sich auch lebendig haben, aber auch Realistik in sich tragen, um dem Schüler, wie Steiner das nennt, die Gründe für das Entstehen dieser Welt in ihrer Unvollkommenheit aufzuzeigen, so daß der Schüler aus sich heraus zu einer Versöhnung der Gegensätze kommt, aber nicht in seinem Willen durch Apathie gebrochen wird und auch nicht Gefahr läuft, immer über die Gegebenheiten hinwegzusegeln. Beide Pole müssen zusammengeführt werden.

Der Wegcharakter der Waldorfpädagogik

K.-D.N.: Wie wir bis jetzt gesehen haben, ist die Anthroposophie die Grundlage der Waldorfpädagogik, die Rudolf Steiner auch anthroposophische Pädagogik nennt. Kann man nun sagen, um nochmal an den Anfang anzuknüpfen, daß das allen Waldorfschulen Gemeinsame die Anthroposophie ist, oder wäre das eine Wunschvorstellung?

S. Leber: (lacht) Ja, das ist ein weites Gebiet. Anthroposophie umfaßt mehr als nur Menschenerkenntnis. Anthroposophie ist, insofern als sie Methode ist, eigentlich in der Lage, über alles und jedes Aussagen zu treffen. Sie tut das noch nicht, weil sie selbst in Entwicklung begriffen ist. Sie ist Wissenschaft, wissenschaftlicher Ansatz. Wenn man das kurz inhaltlich vergegenwärtigt, dann müßte zur Frage der Kerntechnologie, zu Fragen der Genetik oder zu Fragen der Kosmologie die Anthroposophie ebenso Antworten entwickeln können, wie zu Fragen der Psychotherapie, zur Rätselfrage der Geburt und des Todes, Aussagen treffen können zu Heilmitteln, zur Schule, zur Schädlingsbekämpfung usf. Das ist in Ansätzen hier und dort auch schon da, und wenn man so Anthroposophie versteht, setzt das ein so universelles Wissen voraus, ein so universelles methodisches Streben nach allen Richtungen, daß das von einem einzelnen niemals geleistet werden kann.

Und nun kann man eine Dialektik konstruieren: Der Waldorflehrer wird sich als erstes dem zuwenden, was er für seine pädagogische Praxis benötigt. Derjenige, der nun Anthroposoph ist und zum Beispiel über die Weltentwicklung oder über spirituelle

Grundfragen oder über die Diätetik der eigenen Seele arbeitet, der wird dann sagen: der Waldorflehrer ist ja kein Anthroposoph. Diese Spannung besteht.

Nun ist Anthroposophie - das liegt immanent in dem Gesagten drin - Weg. Und der Waldorflehrer, der innerhalb der Pädagogik beginnt, einen Weg zu beschreiten, der wird auf diesem Weg selbst in universellere Fragestellungen kommen. Die Frage wird dann immer sein: Hat er genügend Atem, genügend Spannkraft, genügend Konsequenz in sich? Und insofern wird, wenn das vorliegt, der Lehrer Anthroposoph werden, d.h. ein "Den-Weg-Gehender". Wenn das nicht der Fall ist, wenn er sich mit Kleinem begnügt - bürgerlich, er macht seinen Beruf gut und dann sind seine Interessen auch erschöpft -, wird derjenige, der nun mehr im Zentrum der Anthroposophie angesiedelt ist, mit Recht sagen können: Der ist ja noch nicht 'mal Anthroposoph, der erstickt ja oder erstirbt in seinem Berufsschicksal. Mit dieser Spannung wird man leben müssen.

K.-D.N.: Kann man zunächst vielleicht sagen, daß es idealiter so ist, daß die Anthroposophie die gemeinsame Grundlage aller Waldorfschulen und der darin Tätigen ist?

S. Leber: Ja, insofern eben dieser Wegcharakter in der Waldorfpädagogik angelegt ist. Steiner skizziert Beispiele, wie man das Lesen einführt, nachdem man geschrieben hat, also auch wie man Buchstaben einführt. Nun ist dieses Einführen von Buchstaben von Steiner immer nur beispielhaft genannt. Er will eigentlich den Lehrer anregen, selbst die Kraft und Fähigkeit zu entwickeln, das sachgerecht phantasievoll einzuführen, den Umständen entsprechend, wie sie ihm aus der Wirklichkeit der Kinder entgegentreten.

Aber was Steiner beispielhaft anführte, läßt sich auch gewissermaßen rezepthaft umwandeln und gebrauchen. Dann hat das immer noch die Gestalt der Waldorfpädagogik, aber im Grunde wäre das, was Weg an dieser Pädagogik ist, bereits erstorben, es wäre "Weltanschauung" im konventionellen Sinn, nämlich nur die Inhalte nehmend, aber nicht Weltanschauung als Tätigkeit, als selbsterzeugte Anschauung und Methode.

Der Bund der Freien Waldorfschulen

K.-D.N.: Wieviel Schulen gibt es zur Zeit in der Bundesrepublik, die mit der anthroposophischen Pädagogik arbeiten und im Bund der Freien Waldorfschulen zusammengeschlossen sind?

S. Leber: Wir zählen dieses Jahr 98 Waldorfschulen. Es gibt einige zweite Klassen, d.h. Parallelklassen an Schulen, das dürften etwa fünf sein, die im Laufe der Zeit ausgelagert werden sollen und dann eine eigene Schule bilden werden. Aber eigenständige Schulen werden gegenwärtig 98 gezählt. (*113 im Schuljahr 1988/89;* Red.)

K.-D.N.: Welches sind die Aufgaben und Ziele des Bundes der Freien Waldorfschulen?

S. Leber: Der Bund der Freien Waldorfschulen ist ein Zusammenschluß aller Waldorfschulen in der Bundesrepublik Deutschland. Die einzelnen Lehrer sind persönliche Mitglieder und die einzelnen Schulen kooperative Mitglieder. Die Aufgaben des

Bundes kann man auf zwei Ebenen sehen. - Das Hauptgebiet ist sicher das Rechtsleben: die Zusammenarbeit zwischen den Einrichtungen und den Lehrern. Hier ist ein Rechtsbegriff gebraucht, der nichts mit dem konventionellen zu tun hat, sondern alles als Rechtsleben bezeichnet, was sich zwischen Menschen abspielt und formiert.

Und diese Aufgabe der Zusammenarbeit dokumentiert sich in den Gemeinschaftsaufgaben. Da ist als erstes die Ausbildung von Lehrern zu nennen. Wir haben drei Seminare, die Umschulung vornehmen: das sind, alphabetisch geordnet, Mannheim, Stuttgart und Witten (*In Hamburg, Kiel und Berlin - dort zunächst berufsbegleitend - sind inzwischen weitere Seminare eröffnet worden;* Red.). Des weiteren haben wir ein kleines Seminar in Nürnberg, das von der Schule selbst finanziert wird, eine Ausbildung für Oberstufenlehrer neben Stuttgart auch in Kassel und dann noch eine weitere Einrichtung, ein pädagogisches Fachseminar für Sportlehrer in Heidenheim. Die Gemeinschaft der Schulen beteiligt sich an der Finanzierung dieser Ausbildungsstätten.

Eine zweite Aufgabe ist die Fortbildung, das Angebot von Fachtagungen. Es finden insgesamt im Jahr über 70 Tagungen statt, sowohl zentral als auch regional, wie auch fachlich, zum Beispiel für Sprachlehrer, Turnlehrer, für Deutsch, Geschichte, Gartenbau usw., Fortbildungskurse für Klassenlehrer, für den Unterricht bestimmter Altersstufen usf.; also eine Vielzahl von Fortbildungstagungen. Das sind die Aufgaben nach innen.

Der zweite Bereich wäre demgegenüber die Aufgabe nach außen, nämlich die Vertretung der gemeinsamen Interessen der Schulen. Das manifestiert sich vor allem in der Vertretung in den einzelnen Bundesländern, denn in der Bundesrepublik ist für die Schulen die Kulturhoheit der Länder maßgeblich, d.h. jedes Bundesland erläßt für die in ihm arbeitenden Schulen entsprechende Gesetze. Und da sind sowohl in finanzieller als auch in schulrechtlicher Hinsicht die Entwicklungstendenzen zu beachten. Diese versuchen, die Schulen mitzugestalten, entsprechend den demokratischen Rechten der Bürgerschaft, daß jeder sich am Willensbildungsvorgang beteiligen kann. Kurzum: Im heutigen Sprachgebrauch betreibt hier der Bund, wo notwendig, Lobby, ist also eine "Pressuregroup".

Die "Pressuregroup"

K.-D.N.: Können Sie eine der aktuellen Gerichtsentscheidungen nennen, die zur Zeit anstehen?

S. Leber: Es ist im Moment eine Klage einer Privatschule in Hamburg anhängig, die das Hamburger Schulgesetz auf Ungleichbehandlung verklagt hat. Das zuständige Verwaltungsgericht hat diese Klage an das Bundesverfassungsgericht verwiesen. Dieses hat einen Verhandlungstermin im Oktober genannt und auch die Waldorfschulen aufgefordert, Stellung zu nehmen. Das wurde getan und die Waldorfschulen werden auch in der mündlichen Verhandlung durch zwei Insider und durch einen Staatsrechtslehrer vertreten sein und dort argumentieren.

K.-D.N.: Bei solchen Gerichtsverhandlungen geht es meist an die Substanz, d.h. sie drehen sich meist um den Artikel 7 des Grundgesetzes, um das Errichtungsrecht?

S. Leber: In diesem Fall ist die anstehende Verfassungsgerichtsentscheidung von fundamentaler Bedeutung, denn der anstehende Tatbestand geht darum, ob es mit dem Grundgesetz vereinbar ist, daß einige Schulen höhere Zuschüsse als andere bekommen. In diesem Fall waren im Stadtstaat Hamburg neben den Konfessionsschulen auch die Waldorfschulen etwas begünstigt. Und so wie wir die Sache einschätzen, ist dieses Hamburger Privatschulgesetz nicht verfassungskonform und wird aufgehoben.

K.-D.N.: Welche Auswirkung hätte dann diese Entscheidung?

S. Leber: In der Regel gibt das Verfassungsgericht dann dem Gesetzgeber bestimmte Leitlinien, in denen er sich bewegen kann, als Vorgabe mit auf den Weg. Je nachdem, was nun das Verfassungsgericht entscheiden wird, kann das zur Folge haben, daß alle Gesetze in den anderen Bundesländern bei einer Novellierung dem Verfassungsgerichtsentscheid entsprechende Rahmenrichtlinien zu entnehmen haben. Das kann unter Umständen eine ganz bedeutende Verschlechterung gegenüber dem Ist-Zustand sein, unter Umständen aber auch für einzelne Bundesländer eine Verbesserung bedeuten.

Wir wissen nicht, was die Verfassungsrichter als Recht erkennen werden. Bezugsrahmen ist in diesem Fall, wie Sie sagen, Artikel 7 Grundgesetz, jedoch nicht die Errichtungsgarantie, sondern die Alimentationspflicht des Staates. Aus der Errichtungsgarantie und den Genehmigungsvoraussetzungen, die besagen, daß Lehrer an Privatschulen und freien Schulen in ihrem Ausbildungsstand nicht hinter den Staatsschullehrern zurückbleiben dürfen und eine Sonderung der Schüler nach dem Besitzstand der Eltern nicht stattfinden darf, wurde ja vom Bundesverwaltungsgericht eine Alimentationspflicht des Staates gegenüber Schulen abgeleitet, denen der wirtschaftliche Niedergang droht. Denn sonst wäre mit dem einen Rechtssatz: keine Auswahl der Schüler nach dem Besitzstand der Eltern, der andere: die Errichtungsgarantie, aufgehoben.

Die strittige Frage lautet gegenwärtig: Ist die einzelne Schule in ihrer Errichtung garantiert oder ist es nur eine prinzipielle Errichtungsgarantie für die freien Schulen? Es gibt Entscheidungen der Gerichte, des Bayerischen Verfassungsgerichts, die so lauten, daß nicht die einzelne Schule, sondern das gesamte Schulwesen geschützt sein muß. Und da wird argumentiert: In Bayern gibt es genug Konfessionsschulen, also brauchen weiter hinzukommende Waldorfschulen nicht geschützt zu werden.

Freiheit des Geisteslebens!

K.-D.N.: Es geht also auch immer um die Erhaltung des Erreichten auf dem Wege zu einem freien Schulwesen. Der Grundimpuls, aus dem die Waldorfschule entstanden ist, der anthroposophische Sozialimpuls, der Impuls zur Dreigliederung des sozialen Organismus, sollte auch eine Grundintention der Wirksamkeit der Schulen bestimmen, nämlich für die Freiheit des Geisteslebens einzutreten. Könnten Sie kurz charakterisieren, was man unter diesem Begriff "Freiheit des Geisteslebens" verstehen kann?

S. Leber: Freiheit des Geisteslebens meint Selbstverwaltung der betreffenden Einrichtung, und Selbstverwaltung meint, daß der Staat nicht mit hoheitlichen Mitteln in deren Verwaltung normierend eingreift. Der Eingriff des Staates wäre Fremdbestimmung. Selbstbestimmung heißt, daß die in der Schule Tätigen die Schule selbst verwalten. Die Eltern sind dadurch einbezogen, daß sie die Schule wählen und an der Gestaltung der Schule, zu der sie ihre Kinder schicken, mitwirken. Und Selbstverwaltung heißt ferner, daß die Lehrer die ihnen obliegenden Angelegenheiten, wie Lehrpläne, Lehrinhalte und Unterrichtsformen, selbst bestimmen können, ohne daß von außen eingewirkt wird.

In der gegenwärtigen Gesellschaft mit dem Berechtigungswesen wird die Waldorfschule immer dann unter den Normenzwang der Fremdbestimmung kommen, wenn die Eltern erwarten, daß ihre Kinder, zwar auf einem anderen Weg, aber am Ende der Schulzeit doch dieselbe "Berechtigung" erwerben wie Staatsschüler. Es wird dann immer der Konflikt auftreten zwischen Selbstbestimmung und Fremdbestimmung durch den Staat.

Bis zu den letzten Klassen aber ist heute gesichert, zumindest in praxi, daß da keine Eingriffnahme erfolgt, sondern die Schulen ihren Lehrplan selbst entwickeln können. Er muß natürlich vom Staat genehmigt werden. Das schreibt Artikel 7 Abs. 1 vor, wo postuliert wird, daß das gesamte Schulwesen unter der Aufsicht des Staates steht. Aber de facto ist nach dieser Prüfung durch den Staat die Möglichkeit gegeben, dem eigenentwickelten Lehrplan entsprechend auch zu unterrichten und die Schule zu verwalten.

Freie Schulen und Sozialisierung

K.-D.N.: Ein freies Geistesleben ist nur unabhängig von Staatsinteressen und auch unabhängig von Wirtschaftsinteressen denkbar. Sehen Sie, daß auch andere freie Schulen, von denen es einige in der Bundesrepublik und anderen Ländern gibt, andere als die Waldorfschulen, im Sinne eines solchen freien Geisteslebens wirksam sind?

S. Leber: Ja. Diese Schulen haben eigene Lehrpläne, verstehen sich als selbstverwaltete Einrichtungen, und die Waldorfschulen begrüßen, daß solche Schulen bestehen, und würden begrüßen, wenn alle anderen Schulen ebenso unabhängig wären.

K.-D.N.: Würden Sie es nicht nur begrüßen, sondern eventuell auch unterstützen, wenn sich aus der Masse der arbeitslosen Lehrer eine größere Anzahl zusammenschliessen würde, in ähnlicher Weise wie der Bund der Freien Waldorfschulen ein Zusammenschluß ist, mit dem Ziel, freie Schulen zu schaffen?

S. Leber: Ja. - Bedingungslos.

K.-D.N.: Wo liegen Ihres Erachtens die Gründe, daß es so wenig andere freie Schulen gibt und ein solcher Bund bisher nicht zustande gekommen ist, obwohl es eine Masse von arbeitslosen Lehrern gibt?

S. Leber: Das ist zweifelsfrei auch eine Mentalitätsfrage: Der Deutsche liebt den Beamtenstatus. Da die freien Schulen sehr eng, soweit ich das verfolgen konnte, mit einem Gedankengut mehr linker Prägung verbunden sind, ist der Gedanke, etwas zu tun, das nicht gleich alle betrifft und allen zugute kommt, schon das erste Hinderungsmittel. Im Sozialismus wird immer gesamtgesellschaftlich gehandelt, und wenn man mit einer Schule anfängt, ist das immer eine elitäre Sache. Wer nun von diesem linken Gedankengut gesamtgesellschaftlicher Umwandlung ausgeht, kommt als erstes in den Konflikt damit, daß er sich bewußt werden muß: er tut ja etwas nur für einzelne. Deshalb wird von dieser Seite den Waldorfschulen oft vorgeworfen, daß sie keine Bedeutung hätten, weil sie nicht alle beträfen. Also steht am Anfang der Gedanke: "Marsch durch die Institutionen" und von daher Umwandlung des Schulwesens für alle.

Diejenigen, die sich nun frei machen - Anlaß ist die fehlende Beschäftigung, die fehlende Anstellung beim Staat -, die kommen gewissermaßen erst sekundär dazu, Eigeninitiative zu entfalten. Das verlangt, eine ungesicherte Existenz einzugehen, und stößt auf ungeheure Vorurteile aus der Tradition und auf die Tatsache, daß man sich erst risikofreudig hineinbegeben muß. Und da zeigt sich eben in praxi, daß das bisher nur wenige geleistet haben. Selbst andere freie Schulen haben ihren Lehrern immer beamtenähnlichen Status vermittelt, auch der ganze Bereich der Konfessionsschulen, und damit eigentlich dokumentiert, daß zwar etwas anderes gemacht wird, aber unter den gleichen Bedingungen wie beim Staat. Damit haben die Waldorfschulen gebrochen und sind bisher mit den Landerziehungsheimen die einzigen geblieben, und wir freuen uns, daß sich jetzt langsam, mühselig, weitere freie Schulen auf den Weg begeben.

Wer aber durch diesen Individualisierungsprozeß hindurchging, der tut sich dann noch schwerer, erneut in eine Gemeinschaft Zusammenarbeitender einzubringen. Denn gerade da beginnt die Rückbindung aus dem Individualisierungsprozeß hin zu einer Sozietät, zur Sozialisierung. Und das braucht Zeit. Das haben auch die Waldorfschulen erlebt, daß das ein mühseliger Prozeß ist, in die Individualisierung zu gehen und noch eine Gemeinschaft anzuerkennen. Auch da stehen die Waldorfschulen, was denkbare Sozialformen freiheitlicher Gestaltung im Hinblick auf Arbeitsverträge betrifft, noch an einem Anfang.

K.-D.N.: Könnte man generell sagen, daß die Möglichkeit auf jeden Fall gegeben ist, durch die Erarbeitung eines einheitlichen pädagogischen Konzeptes, das Anklang und Zuspruch bei den Eltern findet, in ähnlicher Weise effektiv wie der Bund der Freien Waldorschulen zu wirken?

S. Leber: Das ist prinzipiell gegeben, muß aber real praktiziert werden.

K.-D.N.: Würden Sie eine solche Schulbewegung auch als Konkurrenz begrüßen, wenn diese einen senkenden Einfluß auf die Schülerzahlen der Waldorfschulen hätte?

S. Leber: Wir leben von der Konkurrenz und haben hier bisher immer in Konkurrenz zu anderen gelebt. Das könnte den Wettbewerb nur befeuern. Also die bessere Schule, die mehr pädagogische Produktivität zeigt, wird dann sicher Anerkennung finden - von Steiner war das gewollt.

Persönliche Initiative und Mitgliedschaft im Bund

K.-D.N.: Gibt es auch Schulen in der Bundesrepublik, die auf anthroposophischer Grundlage, mit der anthroposophischen Pädagogik arbeiten, die aber nicht Mitglied im Bund sind, weil sie es eventuell gar nicht wollen, oder aber, weil sie nicht aufgenommen werden, obwohl sie es wollen?

S. Leber: Beides. Nehmen Sie als Beispiel die Freie Schule Wernstein. Wir hatten vor kurzem in Stuttgart eine Tagung der "Gründungswilligen", wo aus allen Orten, in denen Waldorfschulvereine bestehen, Vertreter anwesend waren und ihre Initiative vorstellten. Darunter befand sich zu unserer Überraschung auch eine Gruppe von Menschen, die sagten, daß sie ihre Kinder auf einer freien Schule gehabt hätten, die nach ihrer Information nach der Pädagogik Rudolf Steiners arbeiten wollte, und daß sie doch jetzt eine Waldorfschule gründen wollten. Das hat in dieser Versammlung etwas Irritation und Nachfragen ausgelöst. Aufgrund der Nachfragen wurde dann verdeutlicht, wo die Erlebnisse der Bedrückung lagen, die sie zum Teil auch zur Trennung von dieser Schule veranlaßten.

Es liegt folgendes Strukturproblem vor: Das Kollegium und die Elternschaft haben bestimmte Auffassungen, was an der Schule geschehen sollte. Mit der Verwirklichung dieser Auffassung scheiterten sie jeweils - so immer der Bericht während dieser Versammlung -, weil der Schulleiter, der wiederum mit dem Vorstand identisch ist, verhinderte, daß diese umgesetzt werden konnten. Es wird an dieser Schule - wieder Bericht der Eltern - ein Modell der tatsächlichen Dreigliederung innerhalb einer Institution vertreten, dem von der Idee her von seiten der Eltern nur schwer beizukommen ist, um an der Gestaltung der Schule mitzuwirken. Daher besteht jetzt der Wille, neben dieser Schule, sechs Kilometer entfernt, in Kulmbach eine Waldorfschule zu begründen.

Wie wir damit umzugehen haben, ist im Moment noch nicht geklärt. Von vornherein war aber in Absprache mit der Schule in Wernstein deutlich, daß von unserer Seite gegenüber der Konzeption dieses Modells, dieser Vereinsstruktur, eine Beurteilung vorlag, die besagte, daß wir diese Schule nach den bisher vorhandenen Usancen nicht als Waldorfschule ansehen könnten. Deshalb haben wir vereinbart, die Wege getrennt nebeneinander herlaufen zu lassen, bei Respekt vor der persönlichen Initiative.

K.-D.N.: Welches sind die Kriterien für eine Schulaufnahme?

S. Leber: Wir haben da im wesentlichen zwei Kriterien. Das eine Kriterium ist rein vereinsrechtlich, da wir sichergestellt haben wollen, daß die Lehrerberufung, Anstellung und Entlassung, in Selbstbestimmung durch das Kollegium erfolgt und daß ferner die Eltern Zugang zum Schulverein haben, d.h. wir wollen, daß wirklich alle an der Schule Beteiligten in Gemeinschaft die Geschicke der Schule bestimmen können.

Die Nichterfüllung dieses Kriteriums war der Grund für die Ablehnung einer heute bei Maulbronn arbeitenden Realschule, die staatlich anerkannt ist. Dort war in der Vereinssatzung vorgesehen, daß die Berufung der Lehrer durch einen Verein zu geschehen habe, zu dem nur eine Gruppe von Mitgliedern Zugang hatte, die gleichsam geborene Wissende waren. Da sahen wir eben das Selbstverwaltungsrecht beeinträchtigt. Auf die Anfrage, ob der Verein bereit wäre, die Satzung zu ändern, kam eine ablehnende Antwort, und da mußten wir sagen, daß wir nicht mit der Schule zusammenarbeiten können.

Als zweites ist für die Aufnahme in den Bund der Waldorfschulen maßgeblich, daß wir die Persönlichkeiten der jeweiligen Schulinitiative ansehen und ganz schlicht beurteilen: Wer arbeitet dort? Die Waldorfschulen haben in mühseligen Prozessen das Kriterium entwickelt, daß in einer Neugründung ein Kollege mitarbeiten muß, der schon einige Jahre Praxis hat: der Gründungslehrer.

Das Werden einer Schulinitiative
und die Aufgaben des Gründungslehrers

K.-D.N.: Was muß am Ort vorliegen, und welche Aufgaben kommen dem Gründungslehrer zu?

S. Leber: Die Beurteilungskriterien im Hinblick auf die Initiative sind folgende: Es muß sichtbar sein, daß es nicht ein einzelner ist, der die Initiative trägt, sondern eine Gruppe von Menschen. Dann wird geprüft, wie weit die Initiative am betreffenden Ort verankert ist, ob sie die Gewähr dafür bietet, daß die Schule ein Gebäude findet. Es wird geschaut, wie die Initiative im sozialen Umkreis eingebettet ist, was bisher aufgebaut wurde, und welche Vorstellungen in bezug auf die Finanzierung vorliegen. Neben diesen mehr rechtlich-wirtschaftlichen Fragen müssen auch Tatkraft, Fähigkeit und Willenskraft erkennbar sein.

Beim Gründungslehrer wird zuerst hingeschaut, ob er die pädagogische Fähigkeit hat. Also es sollte ein Lehrer an der Schule sein, der "pädagogisch steht" und keine Anfängerschwierigkeiten hat, also selbst unsicher ist, schwimmt und bei den kleinsten Windbrisen umgepustet wird. Er muß pädagogisch sicher, auf dem Gebiet des pädagogischen Handwerks wirklich Meister sein.

Die zweite Forderung, die an ihn zu stellen ist: Er sollte nicht von der Autorität leben, daß er jetzt Gründungslehrer ist, sondern er sollte die Autorität einfach haben, ohne daß er sie herauskehrt, und nicht dominant, sondern kollegial mit den neu hinzukommenden Lehrern arbeiten können.

Und das dritte Wünschenswerte ist, daß er auch noch über geistige Einfälle verfügt, wie man zum Beispiel kritische Situationen bewältigt.

Durchaus ein anspruchsvolles Forderungsprofil, und da man hier nicht mit dem Imperativ "Du sollst!" umgehen kann, sondern die Menschen so nehmen muß, wie sie sind, hängt viel von der Beurteilung derjenigen ab, die diese Persönlichkeit kennen. Also, es entscheiden letztlich die Kollegen, die mit dem betreffenden Lehrer bisher zusammengearbeitet haben, ob ihm die Fähigkeiten zugetraut werden oder nicht.

K.-D.N.: Der Gründungslehrer trifft meist an einem ihm fremden Ort auf ortgewachsene Impulse, menschliche Zusammenhänge, geistige Ziele, Ideale und Enthusiasmus. Was raten Sie ihm, wie er mit diesen geistigen Dingen umgehen sollte?

S. Leber: Er müßte sehen, daß er sich in das Gegebene, also in das Gewachsene hineinlebt und dort mit Verständnis, Aufmerksamkeit und Interesse verfolgt, was geworden ist. Sicher eine Anforderung, die nicht jedermann liegt, weil er ja genauso seine eigene Vergangenheit mitbringt, wie er an dem neuen Ort eine Vergangenheit vorfindet. Und das sind dann die Dollpunkte, wo Konflikte aufbrechen, so daß wir gelegentlich in Gründungen erleben, daß zum Beispiel dann der Vorstand, der Gewachsenheit des Ortes mitbringt, sich nicht halten kann, sondern nach einiger Zeit ausgetauscht wird. Da gibt es Schulen, die bringen es auf vier, fünf neue Vorstände, bis dann endlich unter Qualen die Form gefunden wird, die halbwegs dem Ort angepaßt ist: Ernüchterung, Resignation, Ärger, Verdruß als Folge auf beiden Seiten. Wir leben im Zeitalter der Bewußtseinsseele, wo ein Grundzug die Isolation voneinander ist, und das spiegelt sich auch in den Initiativen immer wieder ab. Die Geschichte des Werdens ist immer wieder auch von sehr viel Schmerz begleitet. Die Bewußtseinsseele ist auch die Schmerzensseele. Allerdings haben wir glücklicherweise auch Gründungen, deren Aufbau zur vollen Schule ohne jedes nennenswerte Problem dieser Art geschah.

K.-D.N.: Der Gründungslehrer sieht sich mit Aufgaben konfrontiert, die nicht zu unterschätzende Anforderungen an ihn stellen. Wenn er nun nicht in der Lage ist, das Gewachsene am Ort mit seinen Impulsen zu durchdringen, also sich umgestaltend einzubringen, könnte man dann sagen, daß es zwangsläufig zu Brüchen und Schmerzerfahrungen führt, daß Gewachsenes dann zerbrochen wird?

S. Leber: Nun darf man natürlich auch wieder die Rolle eines Gründungslehrers nicht überschätzen. Er hat eine Dominanz im ersten Jahr, wenn er gegebenenfalls mit einem weiteren erfahrenen Kollegen anfängt. Wenn eine Schule mit mehreren Klassen anfängt, wirkt aber bereits die Kollegenschaft im kollegialen Prozeß zusammen. Und da habe ich nie erlebt, daß dann noch eine Persönlichkeit derart dominiert, daß ihr Wille allein ausschlaggebend ist, sondern es wird dann innerhalb des Kollegiums ein Gesamtprozeß die Entscheidungen bestimmen. Spätestens wenn ein Kollegium die Anzahl von zwölf hauptamtlichen Lehrern übersteigt, kann man wohl dem Gründungslehrer nicht mehr die Qualität des Bestimmenden zumessen. Mir sind, soweit ich da die Gründungen im einzelnen verfolgen konnte, die Bilder ganz eindeutig: Es verlagert sich dann sehr stark vom Gründungslehrer auf das Kollegium. Das ist auch der richtige Vorgang. Er soll ein Kettenglied sein, aber nicht die Kette, und oft sind es die Gründungslehrer, deren Geschick es zuzuschreiben ist, gute Kettenglieder zu finden.

K.-D.N.: Sie halten also nach wie vor am Prinzip des Gründungslehrers fest, oder ist es nur die Möglichkeit, die der Wirklichkeit entspricht, die Sie also deshalb wahrnehmen, weil sich zur Zeit keine anderen Möglichkeiten bieten? Anders formuliert: Halten Sie die Funktion des Gründungslehrers noch für zeitgemäß, oder wäre es nicht besser zu warten, bis ein Schulverein aus sich heraus in der Lage ist, eine Schule hinzustellen?

S. Leber: Den Glauben, daß der Schulverein in der Lage sei, eine Schule hinzustellen, haben wir immer. Aber das freie Geistesleben basiert ja nicht auf dem, wovon ich selbst überzeugt bin, sondern darauf, daß ich meine Überzeugung in einen Prozeß mit anderen bringe. Und genau um diesen gegenseitigen Prozeß, auch der Beurteilung, geht es eben, und den wollte auch Rudolf Steiner. Schon als 1920 eine Initiative auf ihn zutrat, die eine Schule in Paris gründen wollte, behielt er sich vor, zu beurteilen, was die Menschen da aufbrachten: "Da werde ich das zu beurteilen haben". Denn die Pädagogik, die wir - damals also Rudolf Steiner - hier vertreten, die hat geistige Grundlagen und das können wir - damals Rudolf Steiner - beurteilen. Bevor Rudolf Steiner verstarb, hat er Guenther Wachsmuth noch die Anweisung gegeben, eine Mitteilung zu veröffentlichen, die dann allerdings erst nach seinem Tode erschien, in der er ganz klar sagt, daß eine Schule, die nach seiner Pädagogik arbeiten wolle, der Zustimmung der Mutterschule, Uhlandshöhe in Stuttgart, bedürfe. - Und genau diese Funktion der Beurteilung nimmt heute der Bund der Waldorfschulen in der Bundesrepublik wahr. Frei ist jeder zu schaffen, was er möchte, aber er hat sich dann der Beurteilung zu stellen, wenn er in der Gemeinschaft mitarbeiten will. Oft bewirkt das einen Ernüchterungsprozeß, der von den Tätigen als schmerzlich erlebt wird. Aber er ist notwendig. Wir stehen also nach wie vor zu diesem Beurteilungsvorgang.

Es lassen sich sicher Bedingungen denken, unter denen man vom Gründungslehrer absehen könnte. In Einzelfällen wurde das auch schon praktiziert und in einigen Fällen ging es gut. Aber die Erfahrung hat auch gezeigt, daß in den Fällen, in denen wir das naiv gemacht, naiv auf einen Gründungslehrer verzichtet haben, die Schule hinterher in ganz beträchtliche Schwierigkeiten kam. Wir bleiben also auch bei dieser Institution.

K.-D.N.: Wer entscheidet über die Aufnahme einer Schulinitiative in den Bund?

S. Leber: Das ist ein gestufter Vorgang. Auf dem Treffen der Gründungswilligen, von dem ich schon berichtet habe, ist eine Reihe von Kollegen zugegen - gegenwärtig sind das 26 Persönlichkeiten aus dem ganzen Bundesgebiet -, von denen jeder ein, zwei oder drei Vereine zur Betreuung übernimmt. So ist nicht nur ein Kontakt vorhanden von Jahr zu Jahr, sondern auch während des Jahres. Oft zeigt sich, daß die betreffende Persönlichkeit, wir nennen ihn Gründungsberater, durch die Beratung mit den Menschen in Beziehung kommt und sich dann auch dieser Initiative annimmt, gelegentlich sogar der Gründungslehrer wird.

Wenn der Gründungsberater den Eindruck hat, die Sache ist so verdichtet, daß sie besprochen werden muß, wendet er sich an die Gründungsberater der betreffenden Region. Das sind immer mehrere Persönlichkeiten. Diese schauen sich dann die Initiative an, sprechen die Fragen durch, die sie haben, und wenn sie den Eindruck gewonnen haben, daß die Initiative entscheidungsreif ist, gehen sie an die Regionalkonferenz und stellen sie dar. Die Initiative wird dann eingeladen und die Schulen des betreffenden Bundeslandes oder der Region unterhalten sich mit den Initiativträgern, schauen auf das Kollegium hin usw.

Kommen sie zu einem positiven Ergebnis, wird der Aufnahmeantrag an die Delegiertentagung gestellt und diese beurteilt durch Abstimmung, ob sie mit dieser Initiative zusammenarbeiten will oder nicht. Das heißt, wir beurteilen nicht die Frage, ob die Initiatve arbeiten soll oder darf, sondern wir entscheiden nur, ob wir - der Bund der Freien Waldorfschulen, also alle Waldorfschulen - mit dieser kommenden Schule zusammenarbeiten wollen oder nicht. Es wird über die Mitgliedschaft befunden.

Die Delegiertentagung

K.-D.N.: Welche Aufgaben hat die Delegiertentagung und wie wird man Mitglied in ihr?

S. Leber: Jede Schule entsendet ein bis zwei Delegierte, die doppelzügigen gelegentlich auch drei. Die Delegierten sind gewissermaßen die Vertreter der Lehrerkollegien und alle Schulen nehmen so an den dreimal im Jahr stattfindenden Delegiertentagungen teil. Beratungsgegenstände sind sowohl die Gemeinschaftsaufgaben, etwa Fragen der Lehrerbildung, als auch Probleme, die sich stellen und behandelt werden sollten oder müssen: Ferienordnung, freier Samstag oder nicht?, gelegentlich auch pädagogische Grundanliegen, im wesentlichen aber der Umgang mit Gemeinschaftsaufgaben. Darüber hinaus sind aber auch Zeitfragen Beratungsgegenstand. 1983 diskutierten wir auf zwei Delegiertentagungen, in jeweils zwei Gesprächsabschnitten, Fragen im Anschluß an die Nachrüstung: Was drückt sich in der Erregung der Friedensbewegung aus? Wie geht man als Schule damit um? Denn die Schüler waren da in der vordersten Front tätig und es kamen Anforderungen von seiten der Eltern, daß die Schule sich so oder so zu verhalten habe. Diese Fragen wurden gemeinsam erörtert und abgeklärt, und solche zeitbezogenen Fragen stellen sich immer wieder.

K.-D.N.: Der Vollständigkeit halber: Was sind die Landesbeauftragten?

S. Leber: Jede Arbeitsgemeinschaft ist so strukturiert, daß sie einen Sprecherkreis hat. Das sind hier in Baden-Württemberg fünf Persönlichkeiten. Die bereiten die Sitzungen der Regionalkonferenz vor und vertreten die Schulen der betreffenden Region gegenüber den Behörden. Das sind, wenn man will, die Landesbeauftragten.

"Man hat immer die Rückwirkung auf die anderen zu bedenken"

K.-D.N.: Den Schulgründungsvorgang und die Beurteilung einer Schulinitiative haben wir angeschaut. Hat der Bund der Waldorfschulen die Möglichkeit der Einflußnahme auf eine bereits gegründete Schule, die ja autonom ist? Hat er die Möglichkeit, eine Art Kontrollfunktion auszuüben?

S. Leber: Kontrolle ist im deutschen Sinn das falsche Wort. Würde man das englische Wort nehmen, ginge es, denn das Wort "control" faßt mehr. Wir haben eine Vereinbarung im Bund der Freien Waldorfschulen über die Zusammenarbeit in diesem Bund. Diese sieht vor, daß die Schule in den ersten Jahren nach Gründung mit einem Berater zusammenzuarbeiten, alle wichtigen Fragen zu erörtern hat. Nebenbei: Die Schule wählt und benennt diese Persönlichkeit. Bei den Lehreranstellungen braucht keine Übereinstimmung herrschen, aber es besteht eine Mitteilungspflicht, wer angestellt wird (die ersten drei Jahre).

Es gibt aber Bereiche, in denen die Schule nicht allein handeln kann, nämlich dann, wenn von diesen Handlungen alle übrigen Schulen betroffen sind. Keine Schule kann zum Beispiel einen Prozeß führen oder eine Verwaltungsmaßnahme provozieren, ohne daß die Arbeitsgemeinschaft des betreffenden Landes in Kenntnis gesetzt wird. Und es gibt bestimmte Absprachen, wo sogar Einmütigkeit aller Schulen bestehen muß, wenn jemand handeln will. Das hat nichts mit Kontrolle zu tun, sondern mit gegenseitiger Absprache.

Nach drei Jahren kann eine Schule ihre Tätigkeit, wie Lehreranstellung usw., autonom durchführen. Man muß sich nur im klaren sein, daß jede Handlung, besonders wenn sie negativ ist, immer auch Rückwirkung auf die anderen Schulen hat. Deshalb gibt es die reine Autonomie, die als faktischer Autismus sich auslebt, aus dem Selbstverständnis des freien Geisteslebens nicht. Man hat immer die Rückwirkung auf die anderen zu bedenken, und das führt nolens volens wieder zur Rückbindung an die Gemeinschaft.

K.-D.N.: Für die Rückwirkung auf die anderen Schulen ein Beispiel: Das Kollegium einer Waldorfschule beschließt, den gesamten Religionsunterricht vom Stundenplan zu streichen, weil es glaubt, daß dieser sich erübrige, da die gesamte Tätigkeit des Lehrers religiös sei, und schadet so dem Ansehen der Waldorfschulbewegung. Greift der Bund in einem solchen Falle ein?

S. Leber: Der Fall liegt konkret vor. Eine Schule beantragt den Religionsunterricht, erhält die Genehmigung von seiten der Behörden, erteilt aber den Unterricht nicht. Als das Schulamt auffordert, den Religionsunterricht zu erteilen, wie es der Genehmigungsurkunde entspricht, entsteht plötzlich eine lange Diskussion, von der aber weder die Arbeitsgemeinschaft noch der Bund Kenntnis erhalten. Die Arbeitsgemeinschaft des betreffenden Landes erfährt dann über das Ministerium von den Vorgängen und erhält auch über diesen Weg den Schriftwechsel. Da liegt ganz klar ein Bruch der Vereinbarung zwischen den Waldorfschulen vor.

Die betreffende Landesarbeitsgemeinschaft hat dann, nach Gesprächen mit der entsprechenen Initiative, die ergebnislos verliefen, beim Bund der Freien Waldorfschulen den Antrag gestellt, diese Schule aus dem Bund auszuschließen. Wir haben dann unsererseits nochmal das Gespräch mit dieser Initiative gesucht. Ich war bei diesem Gespräch zugegen. Wir saßen uns zweieinhalb Stunden wie in einer Ost-West-Verhandlung gegenüber: Ein Gespräch fand nicht statt. Wir machten verschiedene Anläufe, verschiedene Angebote. Wir wollten über die Inhalte sprechen: Was bewegt sie? Es wurde gemauert, es fand also kein Austausch statt. - Da ich mich selbst vor der Delegiertentagung zum Paten dieser Schule erklärt hatte, sah ich keine Möglichkeit, irgend etwas weiter wahrzunehmen und habe meine Patenschaft niedergelegt. Wir haben dann der Schule eine Möglichkeit gegeben, indem wir genau darauf hinwiesen, daß vierzehn Tage später der Vorstand über die Mitgliedschaft im Bund entscheiden würde, und wie die weitere Prozedur sein wird. Die Schule hätte, wenn sie willens gewesen wäre, den Gang der Abläufe zu gestalten, immer noch Gelegenheit gehabt einzugreifen. Dann kam ein Brief auf dieses Gespräch von der betreffenden Schule mit dem Inhalt: Wir sehen, daß es keine Zusammenarbeit gibt, und wir sollten darüber sprechen, wie man in Anstand und Würde auseinanderkommt.

Wir haben dann beschlossen, die Schule aus dem Bund auszuschließen. Der Vorstand ist hierzu satzungsgemäß ermächtigt. Wir haben die ganze Frage aber auch noch der Delegiertentagung vorgelegt. Die Schule war eingeladen, daran teilzunehmen, ist aber nicht erschienen. Die Delegiertentagung hat den Beschluß des Vorstandes zustimmend zur Kenntnis genommen, bei einer Gegenstimme und sechs Enthaltungen. Dann haben wir der Schule den Ausschluß mitgeteilt und plötzlich kam Protest, jedoch wieder nicht inhaltlich.

Für uns ein außerordentlich schmerzlicher Vorgang, daß es nicht möglich ist, mit Menschen in verständige Gespräche zu kommen und sich abzuklären. Wir kamen aber zu dieser Konsequenz aus dem Verhalten der Schule, da Rückwirkungen auf die Schulen des betreffenden Landes ganz unverkennbar sind. Wir sind also dem Antrag der Landesarbeitsgemeinschaft der betreffenden Region gefolgt, haben noch Vermittlungsversuche unternommen, die aber nicht aufgegriffen wurden.

K.-D.N.: Der Name der Rudolf-Steiner-Schulen und Waldorfschulen ist geschützt. Werden Sie auch von diesem Recht Gebrauch machen?

S. Leber: Das ist in diesem Fall zu klären. Dieses Recht betrifft die Rechtsebene, aber es müssen ja gravierende Verletzungen dieser Pädagogik vorliegen, die evident sein müssen, ehe wir von diesem Recht Gebrauch machen würden, und das muß untersucht werden. Dazu kann ich also nichts weiter sagen, als daß die nächsten Wochen geklärt werden muß, innerhalb des Bundesvorstandes, wie im Hinblick auf das Namensrecht zu verfahren ist.

Impulsierendes Wirken:
"Der Bund bildet sich im Gespräch"

K.-D.N.: Der Bund hat also die Möglichkeit, seinen Einfluß geltend zu machen, wenn Vereinbarungen der Zusammenarbeit gebrochen werden. Hat er auch die Möglichkeit, initiativ und impulsierend auf die Schulen zu wirken, etwa in der Weise, daß die Dreigliederung stärker als bisher erarbeitet werde?

S. Leber: Wir können nur über die Delegiertentagungen oder über Lehrertagungen Themenaufwürfe vorbringen und im Gespräch Arbeitsvorhaben - gewissermaßen eine geistige Mission, die jede Gemeinschaft benötigt - verdeutlichen, konkretisieren. Was von diesen Gesprächen in die Schulen hineinwirkt, ist eine Frage der Kollegien. Oft beschweren sich die Delegierten in der Delegiertenversammlung, daß sie in den Kollegien keine Zeit eingeräumt bekommen, um bewegende Fragen, gewissermaßen kraft Transmission, dem Kollegium verständlich zu machen. Aber es ist auch zu bemerken, daß wir versuchen, in Darstellungen vorab Problemaufwürfe den Kollegien mitzuteilen, so daß jetzt - immer stärker in den letzten Jahren bemerkbar - die Delegierten auch schon mit Antworten aus den Kollegien oder mit Überlegungen zu bestimmten Fragen in die Delegiertentagung kommen, und dadurch entsteht etwas Impulsierendes. Hier ist Bund nicht Zentrale zur Peripherie, sondern es kommt etwas von der Peripherie, bündelt sich im Organ der Delegiertentagung und geht wieder zur Peripherie zurück. Bund ist also etwas, was sich im Gespräch bildet, ist nicht primär formale Institution, und das ist eigentlich das Richtige. Bund muß natürlich auch Institution sein, in den Bereichen, in denen ganz nüchterne Verwaltung von Geschäften vor sich geht, von Alltag.

Internationale Zusammenarbeit

K.-D.N.: In den zwanziger Jahren gab es die Bestrebung, einen Weltschulverein zu gründen. Ist ein solches Bestreben heute noch wach, und wie sieht heute die weltweite Zusammenarbeit aus?

S. Leber: Es gibt einen internationalen Zusammenschluß der Waldorfschulen - mehr oder weniger informell -, einen Gesprächskreis, der seit 1970 tagt, der sogenannte Haager Kreis. Er hat sich in Den Haag gebildet und tagt einmal im Jahr in Den Haag, einmal hier in Stuttgart. In ihm sind alle europäischen Länder vertreten, und auch aus den Vereinigten Staaten nehmen Vertreter teil. Aber es besteht nicht die Intention, die mit dem Weltschulverein verbunden war, einen Zusammenschluß zu begründen, der der Finanzierung der Schulen dient. Der Haager Kreis ist ein Wahrnehmungsorgan, in dem die Schulen oder die Vertreter der einzelnen Länder berichten. Diese Berichte über bestimmte Entwicklungen ihrer Länder, über politische Probleme, über die Situation an den Schulen werden gemeinsam angeschaut und erörtert. Aus der Initiative des Haager Kreises sind zwei internationale Tagungen in Dornach hervorgegangen, die auch der Impulsierung und des Neuerfassens der pädagogischen Grundlagen dienten. So arbeitet auch der Leiter der Pädagogischen Sektion der Freien Hochschule in Dornach in diesem Gremium initiativ mit.

K.-D.N.: Darüber hinaus gibt es den Verein "Freunde der Erziehungskunst Rudolf Steiners". Dieser bemüht sich um die Unterstützung der Waldorfschulen insbesondere auch in der Dritten Welt, die wesentlich schlechtere Voraussetzungen vorfinden als Schulen in Mitteleuropa. Ist es dem Bund möglich, in der Weise initiativ zu wirken, daß er den Schulen den Vorschlag macht, Patenschaften zu übernehmen? Wäre es nicht ein gangbarer Weg, daß sich mehrere Schulen eine Schule in der Dritten Welt als Patenschule nehmen und sie, nicht nur materiell, unterstützen?

S. Leber: Zunächst zum Begriff "Dritte Welt": Dritte Welt ist in diesem Fall auch die USA, also nicht nur die Entwicklungsländer. Im Hinblick auf die Existenzbedingungen sind sogar industriell "gesättigte" Länder Dritte Welt.

Dieser Vorschlag, den Sie formulieren, ist in gewissem Umfang schon gängige Praxis. Ein Beispiel: Ostern war ich an der Ostküste der Vereinigten Staaten und habe einige Schulen angeschaut. Aus einem solchen Besuch resultierte eine Anfrage, ob nicht eine deutsche Waldorfschule sich bereitfinde, eine Patenschaft zu übernehmen. Ich habe daraufhin den Kollegen einer Schule angesprochen, ob er sich das für seine Schule denken könnte. Er brachte diese Anfrage ins Kollegium und in den Vorstand. Inzwischen besteht diese Patenschaft, die zum Inhalt hat, sich der Probleme der Schule im anderen Land anzunehmen, einen Schüleraustausch zu pflegen, aber auch bis in wirtschaftliche Hilfestellung hinein, eine Handreichung zu geben.

Die "Freunde der Erziehungskunst" praktizieren, nebst konkreter Hilfe, auch die Ausarbeitung dieses Gedankens von Partnerschulen. Dies ist der treffendere Ausdruck, weil er verdeutlicht, daß man sich in seiner Andersartigkeit respektiert, anerkennt, daß die Umweltsituationen verschieden sind, und sich gegenseitig hilft und anregt.

K.-D.N.: Ich sehe es als einen realeren Bewußtseinsprozeß an, sich eine Partnerschule zu wählen, anstatt gewissermaßen anonym Geld zu spenden, das dann nach Maßgabe der "Freunde der Erziehungskunst" verteilt wird, was wohl auch notwendig ist. Nach einer Auskunft scheint es so zu sein, daß auf diesem Bewußtseinsfeld durchaus noch einiges zu bewältigen ist.

S. Leber: Wir stehen da am Anfang, und da werden sicher alle Wege beschritten werden müssen. Man muß auch mal die Mittel bündeln, wenn ein besonderes Problem ansteht - ein Arbeitsvorhaben, ein Projekt -, das zu finanzieren ist, und da wird breit geworben werden müssen. Für die regelmäßige Pflege und Bewußtseinsbildung ist die Partnerschule das sachlich Richtige. Das läßt sich ausbauen. Ich schätze, daß es heute vielleicht zehn, zwanzig Schulen sind, die solche Partnerschaftsverhältnisse haben: nach Frankreich, in die Dritte Welt, nach den Vereinigten Staaten. Wünschenswert wäre es, wenn das Netz dicht wäre.

Auf der Gesamtkonferenz wird dieser Gedanke den Lehrern erneut bewußt gemacht werden, das heißt, ein Aufruf zur Partnerschaft erfolgen.

Zur Sozialgestalt der Waldorfschule

K.-D.N.: Welche allgemeinen Charakteristika zeichnen die Sozialgestalt der Waldorfschule aus?

S. Leber: Als erstes würde ich die Autonomie des Kollegiums sehen, in allem, was Rekrutierung und Selbstgestaltung des Kollegiums betrifft. Als zweites - was nicht immer in dieser Deutlichkeit gesehen wird -: eine gewisse innere Spannung, die durch die Elternmitwirkung, ob nun im Vorstand oder andersgearteten Gremien, erzeugt wird und die notwendig ist für das Fortbestehen und die Entwicklung der Schule. Denn die selbstverwaltende Gruppe sollte eben keine in sich abgeschlossene sein, sondern in Beziehung zu anderen Lebenserfahrungen, zu anderen Erfahrungsqualitäten treten. Als die zwei wesentlichen Momente des Modells "Waldorf" würde ich also ansehen: selbstbestimmende Lehrerschaft und Beziehung zur Elternschaft oder zum Freundeskreis.

K.-D.N.: Wie wirkt die Organisationsform auf die individuellen Handlungen? Kann man sagen, daß eine eigenverantwortliche Lehrertätigkeit auch eine eigenverantwortete Sozialgestalt voraussetzt oder notwendig macht, daß diese sich also gegenseitig befruchten und bedingen?

S. Leber: Ja. Um es ganz einfach zu vergegenwärtigen: Der eigengestaltende Lehrer, der sich selbst im Unterricht pädagogisch darlebt, arbeitet in einer Schule, das heißt er ist kein Hauslehrer, sondern über und hinter ihm steht die Gemeinschaft. Und wenn zum Beispiel ein Lehrer krank wird, ist damit die Schule nicht beendet, sondern sie muß weitergeführt werden. Insofern bindet sich das einzelne Tun in ein Gesamt ein. Die Schule als Gesamtheit erfordert diese Einbindung und den Willensbildungsvorgang in der Gemeinschaft.

Also nur Selbstverwirklichung und Unabhängigkeit zu wollen, würde Schule unmöglich machen, würde zum Autismus, zur völligen Isolation, zur Abkopplung aus dem Gesamten führen. Die Schule lebt aber von der Gesamtheit. Das Ringen um die Gestaltung dieser Gesamtheit verlangt das kollegiale Gespräch: manchmal mühsam, machmal enervierend. Aber durch das Gespräch vergegenwärtigt sich der Geist der Schule je aufs neue.

K.-D.N.: Selbstverwaltung setzt eine gewisse Stärke der einzelnen Persönlichkeiten voraus. Kann man feststellen, daß sie aber auch als Lernprozeß, den der Lehrer durchlebt, Kraft gibt, die Stärke der Persönlichkeit befördert, die dann der erzieherischen Tätigkeit zugute kommt?

S. Leber: Ja. Das Konferenzgespräch, wenn es gelingt, beflügelt, befeuert und bereichert einen. Man geht verwandelt, als Verwandelnder und Bereicherter, wieder an die Arbeit. Nur der kleine Geist schließt sich ab, der große hat unendliche Verbindungen.

Schwarze Löcher der Selbstverwaltung

K.-D.N.: Gibt es auch so etwas wie - bildlich gesprochen - schwarze Löcher der Selbstverwaltung, die Kraft absaugen, wenn die Sozialverfassung nicht genügend durchgestaltet ist und gesellschaftliche Prozesse im Schulorganismus funktionswidrig ablaufen, so daß der Prozeß der Selbstverwaltung mehr Kraft kostet, als man durch ihn gewinnt?

S. Leber: Ja.

K.-D.N.: Kann man sagen, daß nur durch eine konsequente Durchgestaltung der Selbstverwaltung ein zu großer Einfluß einzelner Persönlichkeiten oder Gruppen vermieden wird? Könnte man also gesetzmäßig formulieren: Je mehr eine solche Durchgestaltung gelingt, desto weniger ist die Möglichkeit von geistigen und praktischen Abhängigkeiten gegeben?

S. Leber: Das ist ein Atmen. Also, man kann nicht immer nur einatmen oder immer nur ausatmen. Man wird immer wieder in jedem Sozialorganismus, gerade bei einer Schule, auf Entwicklungsphasen treffen. Aus der Realerfahrung kann ich sagen: in einem gewissen Intervall. Es gibt hohe Zeiten der Entwicklung, in denen diese Durchgestaltung tatsächlich gelingt, Kräfte entbunden werden und die Schule in einem Zustand der Entfaltung ist. Dann aber bemerkt man eine Ermüdung und es kommt zu Verfestigungen, Positionskämpfen, Abgrenzungen usw. Dann tritt das auf, was Sie mit schwarzen Löchern bezeichnet haben, daß also Kraft absorbiert wird und die ganze Intention nicht mehr in das Schaffen geht, sondern ins Abgrenzen und Ausgrenzen.

Wenn solche Phasen auftreten, sollte ein Kollegium eine Zeit der Selbstbesinnung einlegen, sich einfach mal aus dem Alltag herausnehmen und, zum Beispiel in den Ferien, die eigene Verfaßtheit zum Gegenstand der Betrachtung machen, um dadurch ein neues Bewußtsein seiner selbst zu gewinnen. Das Intervall dürfte so zwei bis drei oder fünf bis sieben Jahre sein, wo das eigentlich notwendig ist. Schon allein bedingt durch die Tatsache, daß stetig neue Lehrer hinzukommen, muß man sich auch neu vergegenwärtigen: Wo stehen wir? Welcher Bewußtseinszustand ist gegenwärtig da?

Dann kann es auch gelingen, die Verfestigungen und Abgrenzungen wieder aufzubrechen, neu in den Fluß, in das Gestalten hineinzubekommen. Manchmal mißlingt das. Dann gibt es qualvolle Vorgänge bis das wieder aufbricht und neu in Bewegung kommt. Da machen wir manche Leidensgeschichte durch, und das vollzieht sich dann in der Regel nicht im Verborgenen.

K.-D.N.: Die Selbstverwaltung stellt also zusätzlich zur pädagogischen Tätigkeit eine Bewußtseins- und Erkenntnisanforderung, die insbesondere von jüngeren Lehrern, die ihren Beruf erst ergreifen, vielleicht schwer zu tragen und zu erfüllen ist. Aber daß nicht nur Anfänger sich damit schwertun, geht wohl aus einem etwas humorvollen und überraschenden Ausspruch hervor, den Sie einmal getan haben, als Sie sagten: Jede Waldorfschule ist von einer Aura umgeben, von einer Aura des Gestanks. Bezeichnet dieser Ausspruch einen solchen Tatbestand, daß das Gestalten stockt und in der Folge Konflikte entstehen?

S. Leber: Ja. Sie brauchen nur an einen Ort zu kommen und mit diesem oder jenem zu reden. Das kann ein Kollege oder Elternteil sein, dann können Sie sofort etwas wahrnehmen, das in den Bereich der Gerüchteküche gehört. Das ist dieser Astralgestank - gewissermaßen -, der eine Schule umgibt, die eine stärker, die andere schwächer. Etwas ist immer da. Und dann kann man, wenn man den Organismus einer Schule über Jahre kennt, eine gewisse Grundnote feststellen: Knoblauch oder scharfwürziger Duft haftet über längere Zeit der Schule an, mal aufdringlicher, mal weniger aufdringlich, aber er bleibt permanent. Das hängt eben mit dem zusammen, was am Ort vorhanden ist. Es kann aber auch Rosenduft sein.

Die Interne Konferenz

K.-D.N.: Apropos Gerüchteküche. Aus der Struktur der Sozialgestalt möchte ich ein Organ herausgreifen, nämlich die Geschäftskonferenz, weil sie unter dem nicht ganz zutreffenden Namen "Interne Konferenz" Anlaß für Neugier, aber auch für Mißverständnisse gibt. Welche Aufgaben hat diese Geschäftskonferenz?

S. Leber: An sich sprach Steiner schon im ersten Jahr von einem "engeren Kollegium". Es ist daran gedacht, daß diejenigen, die länger an der Schule sind, sich mit ihr verbunden haben und dadurch tiefer in den Lebensvorgängen der Schule eingewurzelt sind, daß die eben jene Fragen besprechen, die über den Fortgang der Schule und über Probleme entscheiden. Deshalb bezieht sich die Aufgabenstellung der Geschäftskonferenz - gelegentlich wird diese Einrichtung auch als Schulleitungskonferenz bezeichnet - auf alles, was das Kollegium selbst betrifft. Also das Kollegium selbst steht dort in seiner gegenwärtigen und künftigen Form zur Gestaltung an, so etwa mit der Frage der Lehrerberufung, aber auch mit Schwierigkeiten unter den Lehrern. Da solche Fragen unter diesen Lehrern besprochen und abgehandelt werden, kommt es zum Ausschluß der nicht unmittelbar Betroffenen und sofort knüpft sich ein Gerücht an: Was wird dort wohl unter Ausschluß der Öffentlichkeit gemacht? Schon knüpfen sich viele Gerüchte aneinander. Denn es gibt dort unter Umständen auch Auseinandersetzungen, die dann einer jemandem, der da nicht zugehört, unter dem Siegel der Verschwiegenheit mitteilt, auch wenn sie dort nur in Andeutungen besprochen worden sind, und sofort läuft das um.

K.-D.N.: In Ihrem Buch "Die Sozialgestalt der Waldorfschule" betonen Sie, daß zur Aufnahme in diese Interne Konferenz, in die ein Lehrer meist nach einem Jahr aufgenom-

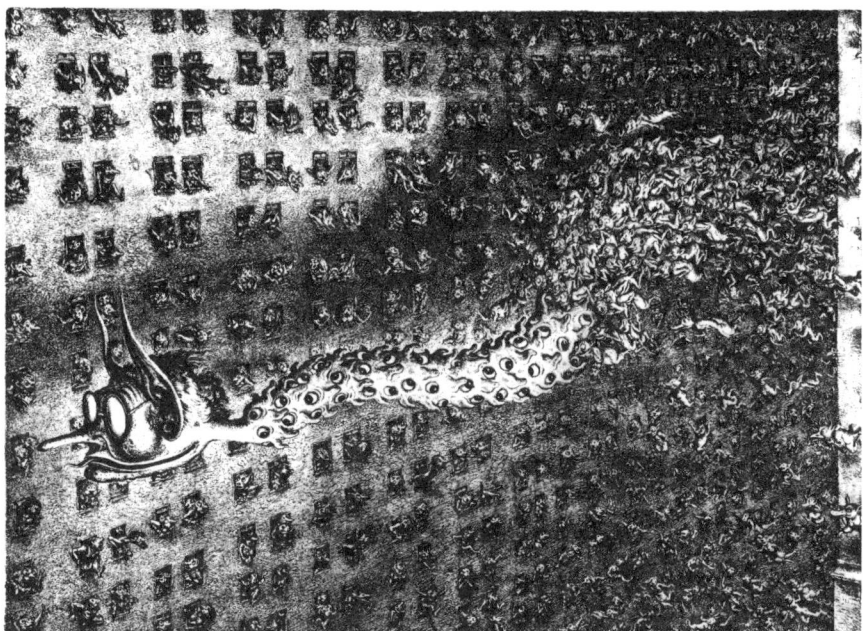

A. Paul Weber - Das Gerücht   © VG Bild-Kunst, Bonn 1989

men wird, keine besonderen Auflagen oder Qualifikationen nötig sind. Heißt das, daß auch die bereits in der pädagogischen Konferenz geltende Amtsverschwiegenheit nicht noch in irgendeiner Weise ausgedehnt wird?

S. Leber: Ja. Es gilt für diesen Bereich die gleiche Amtsverschwiegenheit, die für die pädagogische Konferenz gilt.

K.-D.N.: Worauf kann sich diese Amtsverschwiegenheit beziehen? Worauf darf sie sich eventuell auch nur beziehen?

S. Leber: Auf die Verhandlungsgegenstände. Also, in der pädagogischen Konferenz kann ich unter Umständen etwas über ein Kind erfahren, was der Schweigepflicht unterliegt und eine Belastung darstellen könnte - heute unter dem Stichwort Datenschutz gefaßt. Und in der Geschäftskonferenz erfahre ich Meinungen, die einzelne über einen anderen haben, und das unterliegt der Verschwiegenheit. Denn sonst könnte ich ja hergehen und sagen: Der denkt über den so und der über den so, und wäre da in einem Gewebe reiner Subjektivismen, die möglicherweise von mir völlig falsch erfaßt wären. Aber diese laufen dann um und prägen Bilder, Stereotype, und die wirken wieder zurück. Deshalb würde ich sagen: Amtsverschwiegenheit auf die Verhandlungsgegenstände. Über die wird nicht gesprochen, weil ich vertraulich anders sprechen kann, als wenn ich weiß, daß das, was ich sage, öffentlich wird.

K.-D.N.: Amtsverschwiegenheit bezieht sich also auf den Bereich des Persönlichkeitsschutzes, den Schutz der Intimssphäre. Aber die Amtsverschwiegenheit kann sich doch nicht auf die Themen beziehen, etwa in der Weise, daß man in zukünftigen Gesprächen gewisse Gedankengänge bei sich selber ausschließt, nur weil diese in der Konferenz auch besprochen wurden.

S. Leber: Das ist selbstverständlich. Ich kann jeden Gedanken, den ich habe, selbstverständlich frei äußern, nach wie vor, und in die Gedanken gehen natürlich auch Überlegungen mit ein, die ich da oder dort erfahre, die nehme ich auf.

K.-D.N.: Im ersten Teil des Interviews haben wir gesehen, daß die Waldorfpädagogik aus der Anthroposophie und die Waldorfschule aus dem anthroposophischen Sozialimpuls entstanden sind. Kann man sagen - um den Bogen zu schließen -, daß ohne die Anthroposophie die Waldorfschule nicht in der Welt wäre, und folgern, daß die Schulbewegung nicht einem einmaligen Akt ihr Dasein verdankt, sondern einer fortwährenden Belebung durch die Anthroposophie?

S. Leber: Ganz schlicht: Ja!

Ist die Waldorfschule eine Weltanschauungsschule?

K.-D.N.: Daran schließt sich nun die Frage: Welche Rolle spielt die Anthroposophie im Schulleben? Es wird oftmals mit negativer Wertung behauptet, daß die Waldorfschule eine Weltanschauungsschule sei. Meist wird dann nicht die Erkenntnisleistung erbracht, diesen Zusammenhang zu differenzieren.

S. Leber: Das hängt mit zwei Sachen zusammen, zunächst mit dem Begriff "Weltanschauung", denn der hat eine Geschichte. Man kann ganz elementar sagen: Ich sehe nur das, was ich anschaue, d.h. was ich zuvor begrifflich durchdrungen habe. Habe ich von etwas keinen Begriff, sehe ich es nicht, nehme ich es nicht wahr. Das Unbegriffene bleibt dunkel. Nun setzt jede Begriffsfindung voraus, daß eine Erkenntnisbemühung vorangegangen ist. Deshalb bedeutet jeder verständige Blick zugleich auch, daß ich mir eine Anschauung der Welt geschaffen habe.

Zur Zeit seiner Entstehung hat der Begriff "Weltanschauung" - erstmals wohl als Wort gebraucht von Kant, aufgegriffen, vielleicht auch eigengeschöpft von Goethe - zunächst eine strenge inhaltliche Prägung kaum erfahren. Kant sah in der Anschauung eines Welt*ganzen* die wissenschaftliche Verifizierbarkeit nicht gegeben und lehnte sie ab. Aber sowohl Kant als auch Goethe sahen in der Tätigkeit des Anschauens, die, wie gesagt, eine Erkenntnisbemühung und Begriffsbildung erfordert, eine wesentliche Erkenntniskraft des Menschen. Als der Begriff "Weltanschauung" dann nach 1848 Allgemeingut wurde, haftete ihm keine negative Wertung an und seit dem Ende des 19. Jahrhunderts avancierte er dann zum philosophischen Allerweltsbegriff.

Erst durch Ereignisse dieses Jahrhunderts, nämlich durch den ideologischen Mißbrauch im Nationalsozialismus, erfuhr der Begriff "Weltanschauung" eine negative Wertung und wird seither als Ideologie, also - um es mit Marx zu sagen - als falsches Bewußtsein verstanden. Ideologien sind aber gewissermaßen geronnene, nicht mehr lebendige Anschauungen der Welt, sie sind festgefügte Schemata der Welterklärung. Und ideologisch tätig sein heißt, andere Menschen mit diesen festen Strukturen zu indoktrinieren, d.h. sie mit diesem Begriffsraster, mit diesen Schemata der Welterklärung auszustatten. Ein an sich großartiger Begriff "Ich schaue die Welt an", d.h. ich bringe mich durch mein Verstehen mit der Wahrnehmung in Zusammenhang, wird daher heute so eingeengt betrachtet, daß immer Ideologie vermutet wird. Nun behaupte ich aber, daß niemand die Welt verstehen kann, der keine Weltanschauung hat. Was an jeder Staatsschule praktiziert wird, ist also auch ganz schlichte Weltanschauung. Dem liegt immer ein Welterklärungsmuster zugrunde, eine Art des Sehens, und zwar die Art, streng methodisch ausgebildet, wie heute primär naturwissenschaftlich die Welt gesehen wird. Die Weltanschauung Anthroposophie - der Begriff "Weltanschauung" im hier skizzierten Sinne gebraucht - ist daran gemessen viel offener, da sie völlig methodisch ist, also immer wieder sich den Erkenntnisvorgang bewußtmachend.

Von Gegnern der Waldorfschule wird nun unterstellt, daß in der Waldorfschule unentwegt subtil indoktriniert würde, daß in allem irgendwo die Anthroposophie stecke und daß die Kinder - schwäbisch gesprochen "hälinge" - zu Anthroposophen ausgebildet würden. Das ist erstens weder die Absicht der Waldorflehrer, und zweitens entspricht das nicht der Wirklichkeit. Denn die anthroposophische Bewegung hätte ein Problem nicht: Würden alle Waldorfschüler Anthroposophen, dann hätten wir keine Nachwuchssorgen. Aber das Gegenteil ist der Fall. Nur ein ganz minimaler Bruchteil von Waldorfschülern findet in anthroposophische Berufe und Aufgabenfelder hinein. Das kann man als Waldorflehrer bedauern, hängt aber mit dem Uransatz der Waldorfpädagogik zusammen, daß sie den Menschen zur Freiheit und nicht zur Anthroposophie erziehen will. Findet einer aus dieser Freiheit zur Anthroposophie, dann ist das seine Entscheidung und nicht die der Lehrerschaft. Dann nimmt man das freudig zur Kenntnis, aber genauso doch auch, wenn einer einen ganz anderen Weg geht.

So, und nun noch ein Aspekt zum Umgang mit der "Weltanschauung" Anthroposophie: Anthroposophie hat selbstverständlich, neben der Methode, auch inhaltliche Aussagen getroffen. Steiner spricht zum Beispiel über frühere Erdverkörperungen, spricht über Schicksalszusammenhänge, macht also inhaltliche Aussagen. Nun kann die Gefahr auftreten, daß Anthroposophie nicht methodisch, sondern inhaltlich genommen wird. So ein Ausrutscher kann dem Lehrer gelegentlich unterlaufen, und dann könnte gesagt werden: 'Da seht ihr die Indoktrination'. Aber solche Ausrutscher sind nicht das Primäre der Anthroposophie und werden auch nicht primär praktiziert.

Anthroposophie als Methode

K.-D.N.: Der Lehrer, der sich methodisch in die Anthroposophie vertieft, wirkt also dem Vorwurf entgegen, daß die Waldorfschule im heute üblichen Sinne eine Weltanschauungsschule sei. Aber derjenige, der die Anthroposophie nur inhaltlich reproduziert, gibt dem Vorwurf Nahrung, daß die Anthroposophie dogmatisch sei und in die Kinder gestopft würde?

S. Leber: Der bestätigt das Vorurteil: Weltanschauung im Sinne der Ideologie. Denn ich behaupte, dieser Weltanschauungsbegriff im Sinne der Ideologie wird als Vorurteil, ohne Sachkenntnis und Prüfung, an die Sache herangetragen oder ganz boshaft unterstellt. Wenn aber einer so vorgeht, daß er Inhalte gebraucht und diese nicht herleitet, dann bestätigt er diese Vorurteile.

K.-D.N.: Konkret auf den Unterricht bezogen: Dürfen anthroposophische Erkenntnisse in der Weise in den Unterricht einfließen, daß sie eine bildliche Gestalt gewinnen oder daß sie zum Beispiel als Erweiterung der Naturwissenschaften in den Lehrstoff aufgenommen werden?

S. Leber: Das müßte man im einzelnen festmachen. Nimmt man die Naturbetrachtung und geht die verschiedenen Stufen durch, dann knüpft man zum Beispiel in der 2. Klasse an ein erstes kindliches Naturverständnis an, das noch anthropomorph ist. Man erzählt dann vielleicht Geschichten, in denen sich Pflanze und Tier unterhalten, und das Gespräch kann dann verdeutlichen, daß die Natur nicht etwas Totes ist, sondern in ihr Wesenhaftes lebendig ist, wie im Menschen auch. Das ist eine Brücke zum Kind, denn das Kind erlebt das in diesem Alter auch so, und durch die Lehrerdarstellung kommt das gewissermaßen inhaltsgesättigter zum Vorschein. Ich würde nicht sagen, daß damit anthroposophische Inhalte ausgesagt werden, sondern im Grunde nur das aufgegriffen und lebendig gemacht wird, was im Kind auch lebt.

Das in der Naturkunde sich Anschließende, zum Beispiel das Veranschaulichen bestimmter Pflanzengebärden, hat mit einer inhaltlichen Vermittlung von Anthroposophie auch nichts zu tun, sondern mit dem Beobachten, welche Gestik, welche Gebärdensprache in der Pflanze steckt. Der Lehrer muß sich diese Pflanzengebärden erschließen und als deutliche Seelenstimmungen verlebendigen. Ist er auf diesem Weg einige elementare Schritte gegangen, dann kann er diese Gebärden dem Kind auch vermitteln. Das aber ist real nachvollziehbar.

Wenn man aber nur hergeht, eine entsprechende Angabe Rudolf Steiners nimmt und sagt: In dieser Pflanze steckt dies an Seelenstimmung und in jener das, dann mißbrauche ich Rudolf Steiner inhaltlich. Denn er macht solche Angaben als Hinweis, wie der Lehrer selbst in Tätigkeit kommen kann und nicht als definite Aussage und inhaltliches Forschungsergebnis.

K.-D.N.: Bezogen auf die Elternarbeit: Ist es nicht notwendig, mit den Eltern Anthroposophie zu erarbeiten, wenn der Lehrer seine Motivation oder die Pädagogik erklären will, aus der heraus er handelt, oder wenn Fragen der Eltern nach der Grundlage dieser Pädagogik gestellt werden?

S. Leber: Ja, insofern die Methode verdeutlicht wird. Falls dann eine Rückfrage kommt, wo die Quelle ist, kommt man eben in die anthroposophische Erkenntnisauffassung, ihre Erkenntnislehre hinein. Und wenn da Fragen vorliegen, kann man den Eltern auch das systematische Erarbeiten anbieten. Aber das muß im Interessenshorizont der Eltern liegen. Ich sehe es auch als notwendig an, daß die Schule Stellung bezieht, welche

Methode hier gehandhabt wird, und auch Zugänge eröffnet. Aber ich finde es verheerend, jemanden, der sich nicht dafür interessiert, da reinzuzwingen.

Wider den Imperativ "Du sollst!" - Zusammenarbeit im Geist der Freiheit

K.-D.N.: Obwohl an den Lehrer die Anforderung gestellt ist, selber einen anthroposophischen Weg methodisch zu beschreiten und zu vertiefen, um nicht in eine dogmatische Auffassung hineinzukommen, wäre es wohl trotzdem falsch zu sagen, daß der Lehrer Antroposoph sein *muß?*

S. Leber: Ja, denn mit der Voraussetzung, daß der Lehrer Anthroposoph sein *muß*, kommt man sofort in eine Haltung hinein, die der Anthroposophie, die ja eine Freiheitslehre ist, widerspricht. Da kann es keinen kategorischen Imperativ "Du sollst!" geben, sondern man kann nur aufzeigen, welche Bedingungen bestehen.

K.-D.N.: Welche Bedingungen bestehen für den Zusammenhang zwischen dem Bund der Freien Waldorfschulen und der Anthroposophischen Gesellschaft? Ist es richtig, daß sie rechtlich und konstitutionell nichts miteinander zu tun haben?

S. Leber: Es ist konstitutionell notwendig, daß da die Selbständigkeit besteht, denn es kann nicht angehen, daß gewissermaßen eine Überorganisation die Autonomie durch Fremdbestimmung ersetzt. Die Beziehung zur Anthroposophischen Gesellschaft oder zum Goetheanum kann nur von Ich zu Ich geschehen. Also der Einzelne kann nur Beziehungen haben, aber nicht die Einrichtung als solche.

K.-D.N.: Ist es trotzdem möglich und wünschenswert, daß alle an einem Ort ansässigen anthroposophischen Einrichtungen aus freiem Entschluß und aus Einsicht zusammenarbeiten, wie dies etwa im Kulturforum der Anthroposophischen Gesellschaft in Heidelberg geschieht? Eine solche Zusammenarbeit beruht ja nicht auf einer konstitutionellen Verbindung, sondern lediglich auf dem Willen, lebensgemäße Vereinbarungen zu treffen, wie etwa Terminabsprachen, die Durchführung von Forschungsvorhaben, die gemeinsame Gestaltung von Tagungen und vieles andere mehr. Durch eine solche Zusammenarbeit wird die Autonomie der einzelnen Einrichtungen ja in keiner Weise angetastet. Können Sie in einer solchen Zusammenarbeit einen wesentlichen Baustein der Zukunft der anthroposophischen Bewegung erblicken?

S. Leber: Die Zusammenarbeit zwischen Menschen und durch sie mit Einrichtungen besteht an vielen Orten. Hier in Stuttgart sind aus den verschiedensten Arbeitsfeldern Persönlichkeiten im Initiativkreis der Anthroposophischen Gesellschaft tätig. Terminabsprachen sind bei der Vielfalt der Tätigkeiten ausgeschlossen, wohl aber lassen sich die Initiativen so wahrnehmen, begleiten und fördern. Und gerade die Vielfalt ist es, die möglich sein muß. Dann aber kommt sogleich das Problem: Wie hält ein gemeinsamer Geist das zusammen? Dies kann nur ein Geist der Freiheit sein, aber gerade freie Geister suchen auch, wie schon einmal erwähnt, den Zusammenhang. So ist der Ausbau der Zusammenarbeitsformen sicher ein Bauen an künftiger Sozialgestaltung.

Waldorfschule und Anthroposophische Gesellschaft

K.-D.N.: In den Konferenzen mit den Lehrern der ersten Waldorfschule spricht Rudolf Steiner aus, daß die Waldorfschule keine anthroposophiche Institution sei, wodurch er wohl lediglich auf die konstitutionelle Unabhängigkeit der Waldorfschule von der Anthroposophischen Gesellschaft hinweisen wollte. Wir haben bereits darauf hinge-schaut, daß diese keine Waldorfschulen äußerlich trägt oder betreibt. In eine ähnliche Richtung scheint mir auch ein Zitat Rudolf Steiners aus "Anthroposophische Gemein-schaftsbildung" (GA 257, S.18 f.) zunächst zu weisen, das ich vorlesen möchte, weil es dann zu verdeutlichen scheint, welche Bedingungen es sind, die einen Zusammenhang herstellen.

"Ich möchte besonders stark darauf hinweisen, daß die anthroposophische Bewegung ihrerseits gerade an der Waldorfschule hat zeigen können, wie sie nicht im engen Sinne parteiegoistisch oder sektenegoistisch wirkt, sondern wie sie im allgemeinen Mensch-heitssinne so wirkt, daß man gewissermaßen ihren Kindern (Gemeint sind die sogenann-ten Tochterbewegungen mit ihren anthroposophischen Einrichtungen, K.-D.N.) nicht mehr ansieht, aus welchem Quell sie entsprungen sind, weil sie in das Allgemein-Menschliche hineinwachsen. Man hat nicht nötig, gegenüber der Waldorfschule zu fragen: Ist sie aus Anthroposophie entsprungen? - Man hat nur nötig zu fragen: Erzieht sie und unterrichtet sie Kinder so, wie der Mensch erzogen und unterrichtet werden soll? - Und so muß man sagen, metamorphosiert sich in ihrer Arbeit, in ihrer Tätigkeit Anthroposophie in das Wesen des Allgemein-Menschlichen. Aber gerade, wenn das der Fall sein soll, gerade wenn Anthroposophie bauend auf den verschiedensten Gebieten in der richtigen Weise wirksam sein soll, dann muß sie nicht wegen ihrer selbst, aber ich möchte sagen, wegen ihrer Kinder ein Feld haben, auf dem sie in ihrer Reinheit energisch gepflegt wird, ein Feld haben, auf dem man sich als Anthroposoph seiner Pflichten für die Gesellschaft voll bewußt ist. Nur so kann Anthroposophie die richtige Mutter sein für die verschiedensten Kinder auf den verschiedensten Kultur- und Zivilisationsgebieten. Es muß die Anthroposophische Gesellschaft Menschen vereinigen, welche es im tiefsten, heiligsten Sinne ernst meinen mit der Pflege der anthroposophischen Sache."

S. Leber: Also wenn man diese Stelle interpretiert, ist zunächst festzuhalten, daß Rudolf Steiner hier nicht zu Waldorflehrern, sondern zu Mitgliedern der Anthroposophi-schen Gesellschaft spricht. Ich habe bereits zu verdeutlichen versucht, däß der Lehrer über sein Berufsschicksal an die Anthroposophie herankommt. Er gebraucht eine bestimmte Methode, für die er sich zunächst interessiert, weil sie ihm sein eigenes pädagogisches Tun aufschließt. Auf die Dauer würde es zur Eindimensionalität führen, wenn der Tätige sich nicht auch die Frage stellen würde, wo denn der Quell dieser Methode ist. Dann beginnt er nicht nur die Ergebnisse, sondern auch den Ursprung zu suchen.

Und nun ist die explizite Aufgabe der Anthroposophischen Gesellschaft die Pflege und Erneuerung des Quells, der die Ausbildung des Methodenbewußtseins immer wieder neu anregt. Es erwächst dann die Frage: Wie verändere ich mich, was muß ich tun, um mich in eine Verbindung zu setzen mit einer höheren Welt? Anthroposophischer Schulungsweg - das ist die Pflege des Quells, hier von Rudolf Steiner, wenn ich das recht verstanden habe, 'Mutter' genannt, also gewissermaßen das Wesen, in dem die Fruchtbarkeit urständet.

Wer nun vom Berufsfeld her seinen Ausgang nimmt, wird, wenn er sich selbst aus seinem Berufsschicksal recht umfänglich versteht, auch zu dieser Gesellschaft kommen. Nur diese Gesellschaft hat nicht das Anliegen, in Berufen tätig zu werden. Das ist nicht ihre Aufgabe, auch nicht die Aufgabe der Menschen, die sich zusammenschließen, und auch nicht deren Wollen, so daß man also die Gebärde, von der Peripherie zum Quell, an den Ursprungsort hin, durchaus als richtig anzusehen hat. Auf diese Richtung zum Quell macht Steiner in dem von Ihnen vorgelesenen Zitat aufmerksam und darauf, daß der Weg so zu gehen ist, daß das oft vergessen wurde und bewußt werden muß.

Für mein Verständnis liegt es bereits im Selbstverstehen des einzelnen, wenn er sich nur weit genug umsieht, daß er diesen Weg zu gehen hat. Aus den Berufsanforderungen unterbleibt das häufig, und deshalb kann man sagen, sind heute weit mehr Menschen in Berufsfeldern der Anthroposophie tätig, als in der Anthroposophischen Gesellschaft.

K.-D.N.: Sehen Sie ein Problem darin, daß verhältnismäßig wenig Waldorflehrer Mitglieder der Anthroposophischen Gesellschaft sind und somit auch am Zweigleben nicht teilnehmen?

S. Leber: Das kann man wieder im moralischen Imperativ sehen, den ich ja ablehne, und dann sagen: ein beklagenswerter Zustand. Aber es ist auch ein verständlicher Zustand, weil es eben ein Weg ist und Wegcharakter hat; und ich denke, je mehr Waldorflehrer sich nicht mehr am Anfang ihres Weges befinden und je mehr sie ihr Tun auch verstehen, desto häufiger wird auch dieser Schritt aus der Natur der Sache selbst nach und nach vollzogen werden. Sicherlich muß aber immer aufs neue das Bewußtsein für den Weg und die Quelle geweckt werden.

K.-D.N.: Da es eine Erkenntnis- und Bewußtseinsfrage ist: Sehen Sie es als Aufgabe der Lehrerausbildung an, die Erkenntnisvoraussetzung für den ersten Schritt zu geben, indem - völlig freilassend und ohne die Absicht, Mitglieder zu werben - zunächst dargestellt wird, was die Anthroposophische Gesellschaft ist?

S. Leber: Das sehe ich als eine Aufgabe der Lehrerausbildung, daß also das Bewußtsein vermittelt wird, wie dieser Weg vom Berufsfeld hin zur Quelle beschaffen ist und welche Bedeutung diese Quelle und ihre Pflege auch für die Menschheit hat, völlig unabhängig von der Berufsanforderung.

Denn hier wird Anthroposophie als Anthroposophie gepflegt, also ganz "zweck-frei", und das ist etwas viel Unegoistischeres, als wenn ich Anthroposophie immer nur anwendungsorientiert gebrauche. Also das ist gewissermaßen der Sprung vom Seelischen zum Geistigen, der da getan wird. Überall wo ich anwendungsorientiert, zweckorientiert tätig bin, bin ich in der Qualität der Verstandesseele. Überall wo ich etwas Höheres in mir vergegenwärtige, wo nicht mehr der Nutzen im Vordergrund steht, komme ich zu einer höheren Qualität, zur Bewußtseinsseele, und damit bin ich bereits in der Sphäre des Geistigen.

Aufgabe: "Besser werden"

K.-D.N.: Als abschließende Frage: Welche sehen Sie als besondere anstehende Aufgaben für den Bund und die Waldorfschulen im Hinblick auf das Jahrtausendende, im Hinblick auf die Zukunft?

S. Leber: Wir können beobachten, daß die Tätigkeit der Waldorfschulen, ebenso wie die Tätigkeit anderer anthroposophischer Einrichtungen, auch angegriffen wird. Wir erleben Jahr um Jahr Publikationen aus dem Bereich der Erziehungswissenschaft und dem der Kirchen, und wir müssen darum eine innere Richtung, eine innere Klarheit haben. Die Angriffe werden auch in dem Maße Resonanz in der Öffentlichkeit haben, wie tatsächlich unsere Tätigkeit noch Mängel aufweist. Die Aufgabe ist daher ganz schlicht, besser zu werden: mehr Anthroposophie und die anthroposophische Methode zu praktizieren, sich immer neu auf die Quelle rückzubesinnen und das Innere einströmen zu lassen.

Lebendige Quellkräfte

INTERVIEW MIT JÖRGEN SMIT
von Wolfgang Weirauch

Jörgen Smit, geboren 1916 in Bergen, Norwegen; Studium der Philologie in Oslo und Basel. Staatsexamen in Philologie 1939, Lehrer an der Rudolf-Steiner-Schule in Bergen von 1940-1965, Mitbegründer des Rudolf-Steiner-Seminars in Järna/Schweden. Tätigkeit am Rudolf-Steiner-Seminar in Järna und Leiter des dortigen Pädagogischen Seminars bis 1975. Generalsekretär der Anthroposophischen Gesellschaft in Norwegen von 1957-1975. Seit 1975 Vorstandsmitglied der Allgemeinen Anthroposophischen Gesellschaft und Leiter der Pädagogischen Sektion (bis 1989) und der Sektion für das Geistesstreben der Jugend an der Freien Hochschule für Geisteswissenschaft am Goetheanum in Dornach/Schweiz.

In steigenem Maße hat sich in den letzten Jahren die Wirksamkeit der anthroposophischen Einrichtungen - speziell innerhalb der Waldorfschulbewegung - entfaltet. Dieses, so wird oft beklagt, gehe wegen der sachbedingten Arbeitsüberlastung auf Kosten der anthroposophischen Substanzbildung vor sich. Individuelle Erkenntniserringung - am Beispiel des Waldorflehrers -, das Ringen des einzelnen auf dem esoterischen Schulungsweg, im Berufsleben sowie in Verbindung mit der Freien Hochschule für Geisteswissenschaft, ist das Thema des nachfolgenden Interviews mit Jörgen Smit, Vorstandsmitglied der Allgemeinen Anthroposophischen Gesellschaft.

Esoterik ist in ihrem Gegensatz zur Exoterik nicht als das Geheime, Verborgene zu verstehen, das nicht für die Öffentlichkeit bestimmt ist, sondern so, daß die den meisten Menschen bisher verborgenen Kräfte, Fähigkeiten und Tatsachen offenbar gemacht werden können. Esoterik beginnt deshalb nicht erst auf einem bewußt geführten okkulten Schulungsweg, sondern bereits bei der Seelenumwandlung durch Selbsterziehung. Durch zusätzliche Übungen für die esoterische Schulung beginnt der Mensch, in sich geistige Substanz zu erbilden, die in alle Bereiche seines Wirkens und seiner Tätigkeit ausströmen kann.

Die Freie Hochschule für Geisteswissenschaft - als Mittelpunkt der Allgemeinen Anthroposophischen Gesellschaft - ist ein freier Zusammenschluß derjenigen Persönlichkeiten, die diese esoterische Vertiefung wünschen und erstreben. Sie bildet das Zentrum einer zeitgemäßen christlich-esoterischen Geistesschulung, durch die der Mensch auf vollbewußtem Weg zur Erkenntnis und Erforschung übersinnlicher Welten gelangen kann. - Damit die Forschungsergebnisse esoterischer Vertiefung in die einzelnen Berufsfelder einfließen können, sind der Hochschule einzelne Fachsektionen angeschlossen.

Die Freie Hochschule für Geisteswissenschaft

Wolfgang Weirauch.: Nicht jedem wird geläufig sein, was die Freie Hochschule für Geisteswissenschaft ist, können Sie etwas dazu darstellen, soweit es in knappen Worten möglich ist?

Jörgen Smit: Zuerst muß man die Anthroposophie im allgemeinen betrachten! Sie ist ein Erkenntnisweg, der zu einer Bewußtseinserweiterung über dasjenige hinausführt, was sinnlich und physisch wahrnehmbar ist und was nur durch bloße Verstandeskombination erfaßt werden kann. Durch diese Bewußtseinserweiterung kommt der Mensch zu einem direkten Erfahren geistiger Tatsachen, sowohl im Menschen als auch in der Welt. Die Anthroposophie läßt sich auch in Begriffen formulieren, so daß sie öffentlich zugänglich ist.

Um sich eine tiefere Verständnismöglichkeit zu eröffnen, muß man eine geregelte Schulung durchmachen. Die Freie Hochschule für Geisteswissenschaft ist eine gezielte Zusammenarbeit von allen Verantwortlichen, die diese Zusammenarbeit in bezug auf die esoterische Schulung wünschen.

W.W.: Nun ist die Freie Hochschule für Geisteswissenschaft in verschiedene Sektionen gegliedert; welchen Sinn und welche Aufgaben haben die einzelnen Sektionen?

J. Smit: Für den Sinn ist zunächst die allgemeine anthroposophische Arbeit das Wichtigste. Diese gilt für jede Situation, in der sich ein Mensch in der Gegenwart befindet, wenn diese Bewußtseinserweiterung - die geisteswissenschaftliche Schulung - für sein ganzes Leben zu einer Existenzfrage wird.

Jetzt färbt sich das verschieden, je nachdem, welche Berufsaufgabe man sich stellt. Die erste Voraussetzung, die zu einer derartigen Richtung führt, ist, daß Menschen vorhanden sind, die Fragen stellen, Bedürfnisse auf einem bestimmten Gebiet haben, zum Beispiel dem pädagogischen, und daß dann Lehrer, die von der Anthroposophie befruchtet arbeiten, eine gesteigerte Schulung wünschen. Dann kommt eine Sektion in Frage, die von dem Allgemeinen der anthroposophischen Schulung in die Richtung eines besonderen Berufes führt. Also:

Pädagogische Sektion - für gesteigerte Befruchtung der Lehrertätigkeit;

Medizinische Sektion - für eine gesteigerte Tätigkeit der Ärzte, die aus der Anthroposophie heraus versuchen, ihren Beruf zu beleben;

Sozialwissenschaftliche Sektion - mehr allgemein in bezug auf alle sozialen Beziehungen;

Jugendsektion - in bezug auf die besonderen Möglichkeiten und Aufgaben innerhalb des Lebens in der Jugendzeit;

Naturwissenschaftliche Sektion;

Mathematisch-Astronomische Sektion;

Sektion für Schöne Wissenschaften;

Sektion für Redende und Musizierende Künste;

Sektion für Bildende Künste.

Alle Sektionen gehen davon aus, daß sich auf den jeweiligen Gebieten anthroposophisch arbeitende Menschen befinden, die jetzt die Bedürfnisse haben, ihr berufliches Fachgebiet zu intensivieren. Dann ist es möglich, von dem Allgemein-Anthroposophischen der geisteswissenschaftlichen Schulung, einen zusätzlichen Strom der Befruchtung in einer Sektionsrichtung durchzuführen.

W.W.: Wie steht der Sektionsleiter in der Freien Hochschule für Geisteswissenschaft und in Beziehung zu der Sektion?

J. Smit: In der Freien Hochschule für Geisteswissenschaft gibt es für die Leitung der Sektionen Sektionsleiter bzw. Sektionsgremien. Zusammen mit dem Vorstand bilden sie die Leitung der Hochschule.

Die Pädagogische Sektion

W.W.: Hat es die Pädagogische Sektion seit der Weihnachtstagung 1923 schon gegeben, oder ist sie erst später eingerichtet worden?

J. Smit: Die Leitung der Pädagogischen Sektion hatte zuerst Rudolf Steiner. Nach seinem Tode wagte zunächst niemand, diese Sektionsleitung für sich in Anspruch zu nehmen. Vorläufig blieb es deshalb dabei, daß man für dieses Gebiet nur eine pädagogische Arbeitsgruppe am Goetheanum einrichtete, allerdings ohne den Anspruch einer Pädagogischen Sektion für die ganze Waldorfschulbewegung. Später - in den fünfziger Jahren - wurde wiederum eine Leitung einer Pädagogischen Sektion eingesetzt.

W.W.: In welcher Beziehung steht nun die Pädagogische Sektion zu dem Bund der Freien Waldorfschulen, und zwar geistig, rechtlich sowie wirtschaftlich?

J. Smit: Wirtschaftliche und rechtliche Beziehungen gibt es keine - es ist restlos eine geistige Zusammenarbeit, und zwar so viel wie es erwünscht ist, auf rein individuellmenschlicher Grundlage. So wie jede Waldorfschule eine autonome geistige Gemeinschaft ist, so ist auch der Bund der Freien Waldorfschulen ein autonomer Organismus, eine geistige Gemeinschaft, die sich selbst bestimmt, ohne jede Direktive von der Leitung der Pädagogischen Sektion. - Es ist aber erwünscht, auf individueller Basis von Mensch zu Mensch, eine Zusammenarbeit durchzuführen, welche sich auch ohne Hemmungen und Behinderungen vollzieht.

W.W.: Hat der Bund der Freien Waldorfschulen Aufgaben übernommen, die auch der Pädagogischen Sektion zukommen könnten - ich denke da an die Forschung, an Tagungen und dergleichen? Ist die Zusammenarbeit von Bund und Pädagogischer Sektion eine ideale, oder könnten Sie sich Verbesserungen vorstellen?

J. Smit: Es ist in Wirklichkeit so, daß es selbstverständlich auf die konkrete Arbeit ankommt, also daß jemand etwas tut. Insofern ist die gesamte Aufgabe der Pädagogischen Sektion zunächst so zu sehen, daß sie überall dort in der Welt vorhanden ist, wo Lehrer ihre Arbeit, ihr Berufsfeld aus der Anthroposophie in einer esoterischen Schulung erweitern und beleben können.

Jetzt kommt die nächste Frage: die der geregelten Zusammenarbeit. Die ist in den verschiedenen Ländern der Erde sehr unterschiedlich intensiv und wächst jeweils mit dem Bedürfnis nach einer derartigen kontinuierlich geregelten Zusammenarbeit. In dieser Beziehung sollte man nichts konstruieren, genausowenig wie man es als einen Mangel kennzeichnen sollte, wenn diese geregelte Zusammenarbeit nicht erwünscht ist. Denn eine jede Struktur in der Gestaltung einer Zusammenarbeit sollte ausschließlich als Schlußergebnis eines schon bestehenden Zusammenwirkens gebildet werden. - Wenn wir deshalb in der ganzen Welt herumschauen und diese Frage stellen, so ergeben sich in den einzelnen Ländern äußerst differenzierte Situationen. Die Hauptregel ist: rein individuelle Beziehungen eines jeden einzelnen Lehrers - insofern er es wünscht - mit denen zusammen, die ebenfalls den Willen haben, eine solche Zusammenarbeit durchzuführen.

In einigen Ländern ist es zu speziellen Formen gekommen, zum Beispiel in Nordamerika. Für ganz Nordamerika gibt es ein eigenes Kollegium der Pädagogischen Sektion. Alle Lehrer, die in Nordamerika in Frage kommen, sind angesprochen worden - und wenn sie es wünschen, schreiben sie Briefe an die Leitung der Pädagogischen Sektion, um eine Bestätigung ihrer Mitgliedschaft in der Pädagogischen Sektion zu erhalten. Sie bekommen dann eine eigene Mitgliedskarte der Pädagogischen Sektion - auch werden in Nordamerika Tagungen nur für Mitglieder der Pädagogischen Sektion durchgeführt. Das war dort ein Wunsch und muß deshalb nicht ein entsprechender Wunsch in anderen Ländern sein. Zwar gibt es in anderen Ländern auch entsprechende Zusammenarbeitsformen, aber ohne eine so bestimmt gestaltete Form wie in Nordamerika. In einigen Ländern gibt es kaum eine geregelte Zusammenarbeit, so daß hauptsächlich nur das individuelle Zusammenwirken geschieht.

W.W.: Die Mitglieder der Pädagogischen Sektion in Nordamerika sind alle ebenfalls Mitglieder der Freien Hochschule für Geisteswissenschaft?

J. Smit: Ja, das ist immer die Voraussetzung, sonst könnten sie nicht in der Pädagogischen Sektion mitwirken. Man muß immer zuerst Mitglied der 1. Klasse der Freien

Hochschule für Geisteswissenschaft sein, ehe zusätzlich - durch die eigene Tätigkeit bestärkt - dieser besondere Wunsch zur Zusammenarbeit mit der Pädagogischen Sektion realisiert werden kann.

W.W.: Es ist ja deutlich, daß niemals eine Waldorfschule als ganze Mitglied der Hochschule werden kann, weil es dann eine anthroposophische Waldorfschule wäre, sondern immer nur Einzelpersönlichkeiten ...

J. Smit: So ist es tatsächlich, daß es eine rein individuelle Angelegenheit ist. Jeder einzelne Lehrer kann im Gegenüber mit der Hochschule - wenn er es wünscht - für seine Tätigkeit diese Beziehung und Zusammenarbeit herstellen. Die Schule an sich ist immer autonom, sie gestaltet und bestimmt alles, was intern ist, aus dem Lehrerkollegium und den Organen der betreffenden Schulgemeinschaft heraus.

W.W.: Trotzdem spricht Rudolf Steiner in der Konferenz vom 05.02.1924 aus, daß "diejenigen Persönlichkeiten innerhalb des Lehrerkollegiums, die das wollen, nicht nur für ihre Person, sondern als Lehrer der Schule" in ein Verhältnis zur Freien Hochschule für Geisteswissenschaft treten könnten (Konferenzen mit den Lehrern der Freien Waldorfschule, 1919 bis 1924, Band III, GA 300c, S.114). Liegt hier eine besondere Komponente vor, daß der Beruf eine betonte Rolle spielt und nicht ausschließlich das Individuum?

J. Smit: Nein, die Freie Hochschule für Geisteswissenschaft ist für jeden Menschen offen, aber wenn er im weiteren Mitglied der Pädagogischen Sektion werden will, muß eine unmittelbare Lehrertätigkeit vorhanden sein. Denn wenn diese besondere Berufstätigkeit aufhört, ist es nicht mehr sinnvoll zu sagen, daß man Mitglied der Pädagogischen Sektion wäre.

"Der werdende Mensch lebt in jedem Menschen"

W.W.: Nehmen wir an, ein Waldorflehrer gehört der Freien Hochschule für Geisteswissenschaft an und arbeitet in der Pädagogischen Sektion mit: Welche Impulse kann er durch seine individuelle geistige Arbeit sowie seine Zusammenarbeit mit anderen in sein Kollegium bzw. den gesamten Schulorganismus hereintragen?

J. Smit: Selbstverständlich ist es zunächst für jeden Lehrer möglich - auch ohne diese Zusammenarbeitssituation - durch individuelle Initiative so viel wie möglich, eigentlich unbegrenzt, aus der Anthroposophie durch esoterische Vertiefung herauszuholen. Durch Zusammenarbeit sowie durch die besondere Möglichkeit der regelmäßigen Schulung in der Freien Hochschule für Geisteswissenschaft kann dies noch gesteigert werden, wenn der Einzelne es schafft. Soweit wäre dies aus dem Allgemeinen ein befruchtender Strom für die besondere Situation in der Begegnung zwischen dem Lehrer und seinen Schülern. Was kommt hier besonders in Frage?

Immer wieder beginnt es mit dem Allgemeinen: dem werdenden Menschen. Dieser werdende Mensch lebt in jedem Menschen, welchen Beruf er auch hat. Der Erwachsene, der größere Erfahrungen aus den Kräften des werdenden Menschen besitzt, kann diese in der Begegnung mit Kindern und Jugendlichen erkennen und dem jüngeren Menschen gemäß fördern. Das ergibt sich schon aus dem Allgemeinen der Anthroposophie heraus, kann aber durch spezielle Gesichtspunkte in verschiedenen Richtungen gesteigert werden: Wie vollzieht sich der Atemzug? In welchem Verhältnis steht dasjenige, was das Kind im Laufe des Tages erlebt, zu dem, was es im Schlaf, in der Nacht erlebt?

Hier kann der Lehrer auch ohne eine esoterische Schulung schon sehr viel erarbeiten. Mit jedem Schritt der esoterischen Schulung aber kann dasjenige, was für jede Erziehung und jede Unterrichtsstunde grundlegend ist, weiter vertieft werden. Durch diese esoterische Vertiefung läßt der Lehrer einen besonderen Strom in seinen Unterricht einfließen, bei dem es immer darum geht, die unmittelbare Wirkung des werdenden Menschen in jedem Kind, in jedem Jugendlichen zu fördern.

W.W.: Kann durch diese esoterische Tätigkeit einzelner Lehrer die Ausstrahlung einer Waldorfschule verstärkt werden?

J. Smit: Ja, es kann immer gesteigert werden. Natürlich ist es völlig offen, was der einzelne Lehrer wirklich vollbringt. Durch eine formale Mitgliedschaft in der Freien Hochschule für Geisteswissenschaft ist nichts getan - es kommt immer auf die geistigen Qualitäten an, darauf, was man tatsächlich tut.

Esoterik und Öffentlichkeit

W.W.: Wie steht es mit dem Verhältnis des esoterisch arbeitenden Lehrers in bezug auf die Öffentlickeit? Als Waldorflehrer steht man ja voll in dieser Öffentlichkeit - und das in einer Zeit, in der mit Sicherheit etwas wie eine esoterische Schule von vielen nicht verstanden wird. - In seinem Eröffnungsvortrag zur Weihnachtstagung am 24.12.1923 stellt Rudolf Steiner dar, daß das heutige Zeitbewußtsein in der Gegenwart für alles, was geschieht, die volle Öffentlichkeit verlange, daß es keine Geheimnisse mehr geben dürfe. Wie verbindet man als Waldorflehrer, sofern man der Freien Hochschule für Geisteswissenschaft angehört, die innerste Esoterik mit dieser von Rudolf Steiner geforderten Öffentlichkeit? Wie verhält sich zum Beispiel ein Lehrer, wenn er von den Eltern nach der Pädagogischen Sektion gefragt wird oder nach dem Schulungsweg?

J. Smit: Das ist eine große Darstellungsaufgabe des Lehrers, bei der es nicht von vornherein gegeben ist, daß es ihm auch gelingt. Zuallererst kommt es auf die wirklichen Lebenskräfte in der Erzieherpraxis an, denn manchmal ist es so, daß ein sehr tüchtiger Lehrer, der seine Schüler ausgezeichnet fördern kann, noch nicht die Fähigkeit entwickelt hat, dieses selbst auch darstellen zu können.

In dem Moment, in welchem der Lehrer in Beziehungen zu Menschen tritt, die nicht in seiner Tätigkeit darinnenstehen, stellt sich ihm eine ganz andere Aufgabe, als er sie in Beziehung zu seinen Schülern hat: nämlich eine wissenschaftliche Darstellungsaufgabe. Durch die Anthroposophie ergibt sich uns die große Möglichkeit, die Erfahrungen geistiger Tatsachen, die sich einem während des esoterischen Schulungsweges ergeben können, in allgemein verständliche Begriffe zu prägen. Auf diese Weise ist es möglich, auch von der begrifflichen Seite her zu einem wirklichen Erleben geistiger Qualitäten zu kommen. Ob dies aber gelingt oder ob es mißlingt, das hängt ganz von der Persönlichkeit ab, die zum Beispiel über den Schulungsweg spricht.

Jedesmal, wenn eine derartige Begegnung stattfindet, zum Beispiel zwischen einem Lehrer und den Eltern seiner Schüler, jedesmal, wenn ein solches Gespräch stattfindet, hat es immer zwei Seiten. Der eine hat die schwierige Aufgabe, sich in der Kunst der Darstellung zu üben, und der andere, der das Unbekannte entgegennimmt, muß versuchen zu verstehen, was sein Gesprächspartner ihm darstellt. Es ist natürlich immer offen, ob so zwischen diesen beiden Menschen eine Beziehung entsteht oder nicht. So ist es keineswegs selten, daß hier Mißverständnisse entstehen können, wo die Schuld prinzipiell auf beiden Seiten liegen kann.

W.W.: Diese Mißverständnisse, die Sie ansprechen, findet man mitunter auch in der Argumentation der Gegner der Anthroposophie, wenn den Anthroposophen und Mitgliedern der Freien Hochschule für Geisteswissenschaft vorgeworfen wird, sie seien Geheimniskrämer oder eine erlesene Schar eines verborgenen Zirkels. Wie kann man vermeiden, daß das Esoterische in die Ecke der Geheimnistuerei verlegt wird, wie kann man verhindern, daß derartige Mißbilder in der Öffentlichkeit entstehen?

J. Smit: Indem man Postulate und Statements vermeidet und stattdessen an einer wirklichen Darstellung der Esoterik arbeitet. Denn in Wirklichkeit ist nichts geheim, in dem Sinne von Geheimnistuerei, sondern es ist geheim, um offenbar zu werden. Es gibt Kräfte, die zunächst nicht offenbar sind, aber bewußt und bekannt gemacht werden können. Aus diesem Grunde ist es für denjenigen, der keine Mißverständnisse hervorrufen will, immer eine schwierige Darstellungsaufgabe, denn es geschieht nichts von selbst.

Der Schulungsweg des Lehrers

W.W.: Welche Quellen und Kräfte erschließt der Waldorflehrer, wenn er den esoterischen Schulungsweg beschreitet?

J. Smit: Im wesentlichen hat es für jeden Menschen Gültigkeit. Was aber für den Erzieher im besonderen hinzukommt, sind zwei Übungsfelder, die für die Erziehung ein besonderes Gewicht haben. Das eine ist die Fähigkeit des Lehrers, innere lebendige Bilder zu schaffen, so daß er sich durch sie die Kraft erwirbt, von allen Unterrichtsinhalten die inneren Qualitäten herauszuarbeiten. Zwar ergibt sich für jeden Menschen, der den esoterischen Schulungsweg geht, diese Fähigkeit der inneren Bildgestaltung, diese notwendige innere Stärke des Seelisch-Geistigen des Menschen, aber für den Lehrer wird diese Fähigkeit zusätzlich zu einer Quelle für alles, was er arbeitet und in den Unterricht einfließen zu lassen beabsichtigt.

Als zweites kommt hinzu, daß er alles tun muß, um zu einem vertieften und umfassenderen Verständnis der Kinder zu kommen. Und damit ist nicht nur die Wahrnehmung von außen gemeint, also zum Beispiel wie die Kinder auftreten, sondern vor allem, daß der Lehrer durch die innere Verarbeitung seines eigenen Lebens zu der Stufe zurückgelangt, auf der seine Schüler stehen. Hier steht also die eigene Lebensverarbeitung des Lehrers im Mittelpunkt. - Freilich gilt dies im allgemeinen ebenfalls für jeden anderen Menschen auch, der die esoterische Schulung durchmacht, denn ohne diese Übungen gelangt man weder zur Selbst- noch zur Welterkenntnis.

Für den Lehrer kommt es aber in der Beziehung zu seinen Schülern, für die Vertiefung des unmittelbaren geistig-seelischen Miteinanders, zu einer unabdingbaren Voraussetzung: er muß sich wandeln können! Es reicht nicht, wenn er sein eigenes Leben nur rückwärts verarbeitet und erkenntnismäßig durchleuchtet, sondern er muß auch in einer Umwandlung seiner selbst begriffen sein. Und diese Umwandlung gehört zu dem Allerwichtigsten! Ein Lehrer, der sich nur gehen läßt, so bleibt wie er geboren ist, ist auf alle Fälle ein schlechter Lehrer. Nur derjenige, der in einer menschlichen Umwandlung an sich arbeitet, wird in sich den werdenden Menschen richtig wachrufen können und besonders befruchtend und anregend auf die Schüler wirken können.

W.W.: Ich verstehe es recht, daß der Lehrer sein eigenes Leben innerlich nur bis zu dem Alter zurückschreitet, in dem die Kinder sich befinden, die er unterrichtet?

J. Smit: An und für sich das ganze Leben, zurück bis zur Geburt, aber für den Lehrer steht die Altersstufe seiner Schüler im Vordergrund, damit er sich von der inneren Seite her genau auskennt in dem, was in diesem Lebensalter vorgeht.

Der dreistufige Weg zur Wesensbegegnung mit dem Kind

W.W.: Kann es so weit kommen, daß der Lehrer auf seinem Schulungsweg die Zukunftskräfte des Kindes, des werdenden Menschen, langsam tastend erfaßt?

J. Smit: Das Zukünftige ist immer in dem werdenden Menschen darinnen. Solange man die Zukunft nur vorstellt, ist sie nur Produkt der Vergangenheit. Erst wenn man zu dem wirklichen werdenden Menschen durchdringt, dann bemerkt man, wie die Zukunft des Menschen in seinen Willenskräften lebt, auch bei dem Kind. Wenn der Lehrer diese Geheimnisse langsam erlebt, so erfährt er eine Wesensbegegnung mit dem Kind.

W.W.: Können Sie ein wenig ausführen, in welchen Schritten sich der Lehrer diesem übersinnlichen Wesen des Kindes nähern kann?

J. Smit: Das ist ein dreistufiger Weg, auf dem man sich ein möglichst vollkommenes Bild des Kindes erarbeitet. - Das erste ist, daß man alles das zusammenträgt, was man überhaupt von dem Kinde weiß. Gemeint ist alles das, was bis zu dem gegenwärtigen Zeitpunkt von der Vergangenheit her aus dem Kinde geworden ist. Und dann sagt man sich: das ist nur ein Drittel von dem Wesen des Kindes!

Hierauf versucht man, ein zweites inneres Bild von dem Kinde zu malen, aber dieses Mal kein fertiges Bild wie das erste, sondern ein werdendes Bild, bei dem in jedem Augenblick etwas Neues entsteht. Ein Bild also, das nicht fertig vollzogen ist, sondern - bildlich gesprochen - bei dem der Maler mit dem Pinsel auf dem Wege ist, das Bild herzustellen. - Gerade diese Qualität fehlt sehr oft in der Begegnung zwischen den Menschen. Man spricht mit den Menschen so, wie man sie aus der Vergangenheit kennt, man glaubt zu wissen, sie seien so oder so - aber dann hat man ein fertiges Vorstellungsbild von dem anderen Menschen. In Wirklichkeit spricht man dann mit einer Vorstellung von der Vergangenheit des betreffenden Menschen und nimmt nicht wahr, was im Augenblick vor sich geht. - Das werdende Bild vom Wesen des Kindes wäre also das zweite zu erübende Bild. Und dann sagt man sich: das ist auch nur ein Drittel! Jetzt muß ich noch ein drittes Bild von dem Kinde malen - und das hat noch gar nicht angefangen. Der Maler hat noch nicht angefangen, dieses Bild zu malen, denn es ist die Zukunft des Kindes. In jedem Menschen schlummern verborgene Keime, die sich noch nicht gezeigt haben, weil sie sich erst in der Zukunft entfalten - und sehr oft bemerkt man dies nicht in der inneren Stimmung gegenüber dem anderen Menschen. Man betrachtet unvermerkt den anderen Menschen als ein abgeschlossenes Ding. Deshalb muß es besonders geübt werden, diese tiefe Öffnung gegenüber dem anderen Wesen, um zu erkennen, daß der andere Mensch nicht ein abgeschlossenes Ding ist, sondern vielmehr ein lebendiges werdendes Wesen. - Das ist also eine Übung, die ständig durchgeführt werden muß, sonst beginnt der Lehrer das Kind psychologisch zu analysieren und glaubt, er verstünde das Kind, sofern er nur alle Faktoren zusammengetragen hat.

W.W.: Können Sie es noch ein wenig konkretisieren, wie der Lehrer es gestaltet, um zu diesen drei inneren Wesensbildern des Kindes zu gelangen, vor allem, in welchem Zeitraum er es macht?

J. Smit: Da muß sich jeder Lehrer selbst individuell hintasten. Es ist immer ein Versuch, der für gewisse Zeiten keine oder nur kleine Fortschritte erbringen kann, um dann aber später wieder eine erneute Vertiefung zu erfahren. Er kann es natürlich nicht jeden Tag mit jedem Kind in einer großen Klasse tun, das versteht sich von selbst. Vielmehr entsteht es in einem rhythmischen Vorgang durch Jahre hindurch. Hierbei wird die Bedeutung ersichtlich, die für den Waldorf-Klassenlehrer darin besteht, daß er die Möglichkeit hat, seine Klasse acht Jahre zu führen und nicht nur ein Jahr, um dann durch einen anderen Lehrer ausgewechselt zu werden.

Die Morgensprüche

W.W.: Um noch ein wenig von der Esoterik des Waldorflehrers zu sprechen - würden Sie die Morgensprüche auch dazu rechnen?

J. Smit: Die Morgensprüche - einer für die ersten vier Schulklassen, ein zweiter ab der fünften Klase - sind sehr schöne Gedichte von der Beziehung des Menschen zur ganzen Natur, zum Göttlichen und Schöpferischen in der gesamten Welt. Je mehr der Lehrer an diesen Morgensprüchen selber innerlich aktiv arbeitet, so daß er sie auch innerlich qualitativ versteht und erlebt, desto mehr kann er auch helfen, diese Qualität bei den Kindern im Morgenspruch zu vertiefen. Man muß sie aber zu den Kindergedichten rechnen.

W.W.: Wenn der Lehrer jeden Tag diesen Morgenspruch zusammen mit den Kindern spricht, was entsteht dabei in der Klasse, was webt sich an Gemeinsamem zwischen Lehrer und Schülern?

J. Smit: Das kommt darauf an, wie der Lehrer sich dazu in seiner Arbeit verhält. Wenn er nichts arbeitet, dann geschieht nichts oder etwas Schlechtes. Insofern er während des ganzen Unterrichts etwas erarbeitet, was wiederum mit dem, was durch den Morgenspruch geschieht, zusammenwirkt, geschieht etwas rein inhaltlich Methodisches. Besonders wichtig ist es, daß der Lehrer sprachlich arbeitet, so daß die Qualitäten der Worte, Laute und Rhythmen ständig belebt werden können, damit der Morgenspruch nicht in Routine verfällt, was durchaus möglich ist, wenn eine gewisse schlaffe Haltung vorhanden ist.

W.W.: Was entsteht, wenn ein Lehrer für seine Kinder betet?

J. Smit: Vorab muß wiederum betont werden, daß auch ein Gebet eine vollständig individuelle Tat sein muß, jedem überlassen bleiben muß und niemals von einem anderen gefordert werden kann. Es ist deswegen eine offene Frage, was geistig in einem Gebet geschieht. Ein Gebet kann so gestaltet werden, daß eine tiefe Kraft in dem werdenden Menschen erwacht, in seinem ganzen Selbstverständnis und seiner Tätigkeit. - Ein Gebet kann aber auch negativ wirken, als Steigerung des Egoismus - aber das weiß jeder aus der Tradition der Gebetspraxis, das ist nichts besonders Anthroposophisches, daß Gebete sehr leicht egoistisch ausufern können.

Moralische Intuition - moralische Phantasie - moralische Technik

W.W.: Auf dem Erkenntnisweg gibt es drei verschiedene Stufen, wie sie Rudolf Steiner in seiner "Philosophie der Freiheit" beschreibt: die moralische Intuition bzw. das moralische Ideenvermögen, die moralische Phantasie und die moralische Technik. Was ist mit diesen drei Fähigkeiten gemeint?

J. Smit: Eine erste Stufe auf der Erkenntnissuche ist, daß das Denken beginnt, sich zu verstärken, so daß man unmittelbare Erfahrungen in den Denkqualitäten hat. Aber man wird dann sehr bald eine bittere Erfahrung machen, weil man dann oft erwartet, es würde jetzt aus diesen inneren Idee-Erfahrungen sofort das ganze Leben gestaltet werden können. Nun ist das aber, wie jeder weiß, nicht der Fall, sondern die ganzen Gewohnheiten des Menschen - wie man sich benimmt und dergleichen - rollen oft unverändert weiter, da das Erkenntnisleben meist nicht die Kraft besitzt, diese alltäglichen Gewohnheiten und Eigenschaften zu gestalten. Solange dies der Fall ist, ist keine moralische Intuition vorhanden.

Die moralische Intuition kommt erst dann in Frage, wenn das Erkennen so stark wird, daß es die Fähigkeit besitzt, lebensumgestaltend in die Gewohnheiten hineinzuwirken, wenn es also die Grundlage zu einer Tat abgibt. Am Anfang hat das Erkennen diese Kraft nicht und rollt nur intellektuell im Hintergrund, während das Leben auf einem anderen Gleise abrollt. Die moralische Intuition beginnt dort, wo das Erkennen so stark wird, daß es die Handlungen bestimmen kann. Das ist moralische Intuition!

Wenn die moralische Intuition aber die Handlung bestimmen soll, so muß sie sich in einem Inhalt entfalten können. Diese Inhaltsentfaltung, also was zu tun ist, kann als moralische Phantasie beschrieben werden. Es ist durchaus möglich, daß in einer moralischen Intuition eine starke Intention liegen kann, daß der Mensch aber noch nicht die Fähigkeit besitzt, sie innerlich konkret zu einem Phantasiebild zu gestalten, so daß das, was er wirklich tun will, sehr viel zu wünschen übrig läßt. Die Handlungsmöglichkeit wird gelähmt. Man kann dann nichts Konkretes tun. Deshalb kommt die moralische Intuition erst zum Zuge, wenn sie sich in einem konkreten Bild der tatsächlich auszuführenden Handlung entfalten kann: durch die moralische Phantasie.

Nun kann es eventuell nicht bis in die praktische Tat hineingehen, wenn man nicht in der praktischen Situation selbst kennenlernt, wie etwas getan werden kann. Hierfür bedarf es einer Erkenntnistätigkeit, um die Situation durchdringen zu können, ferner einer Fähigkeit, sich zu üben, das Gewollte auch tatsächlich tun zu können. Das ist moralische Technik! Die moralische Technik ist also das dritte Glied, ohne das keine konkrete Handlung stattfinden kann.

W.W.: Könnten Sie ein Beispiel aus der pädagogischen Praxis beschreiben, wie der Lehrer von der Intuition über die Phantasie zur konkreten Handlung gelangen kann?

J. Smit: Das ist zu allgemein. Ich habe ja auch die allgemeinen Stufen dargestellt; in einer ganz konkreten Situation hat man ja immer ein besonderes Kind, eine ganze Klasse oder eine spezielle Situation vor sich. Das wäre also ein offenes Feld und kann nicht aus dem ganzen Zusammenhang herausgenommen werden.

"Aus der Anthroposophie können keine Rezepte hergeleitet werden"

W.W.: Es wird der Waldorfschule ja des öfteren der Vorwurf gemacht - von Gegnern oder Menschen, die es nicht genau verstehen - sie sei eine anthroposophische Schule und die Waldorfpädagogik eine anthroposophische Indoktrination. Wo liegen die Ursachen für diese unsachgemäße Vermischung?

J. Smit: Hier werden zwei Dinge vollkommen vermischt. Einerseits resultiert die gesamte Waldorfpädagogik aus der Anthroposophie, ohne die Anthroposophie wäre die ganze Waldorfpädagogik nicht vorhanden. Die Waldorfpädagogik ist eine Konsequenz der Anthroposophie, wenn sich der allgemeine Erkenntnisweg des modernen Menschen auf den Unterricht und die große Aufgabe der Erziehung richtet. Durch diese Erkenntnistätigkeit des Menschen entsteht die Waldorfpädagogik als Möglichkeit, und zwar als Kunst. Allerdings verhält es sich keineswegs so, daß aus der Anthroposophie heraus bestimmte Regeln oder Rezepte hergeleitet werden können, die vom Lehrer auf bestimmte Weise ausgeführt werden müssen. Das ist ein großes Mißverständnis!

In Wirklichkeit ist es so, daß sich der Lehrer durch seine Erkenntnistätigkeit in der Anthroposophie so belebt, daß er in bezug auf die tatsächliche Unterrichtspraxis fähiger wird. Auf diese neu auftauchende Fähigkeit des Lehrers kommt es an. Das ist das zweite, was nicht mit der Anthroposophie selbst vermischt werden darf, daß jetzt mit den Kindern, den Jugendlichen, auf jeder Altersstufe, in jedem Fachgebiet etwas Konkretes, Förderndes geschehen kann - befruchtet durch die Anthroposophie, aber nicht durch bestimmte äußerliche Rezepte hergeleitet. Insofern ist es wahr, daß die Anthroposophie tatsächlich als Quelle wirken kann, vorausgesetzt, daß die Lehrer daran arbeiten. Dann erscheinen die Früchte in der konkreten Arbeit. - Die Anthroposophie als solche ist aber nur für die Erwachsenen aktuell, da die Anthroposophie in ihrer Gestaltung erwachsene Menschen voraussetzt, die sich über das Gewöhnliche hinaus auf einem Erkenntnisweg bemühen, was für Kinder noch nicht aktuell sein kann.

W.W.: Wäre es für einen Lehrer an der Staatsschule trotzdem möglich, die Waldorfpädagogik als Methodik zu unterrichten, auch wenn für ihn der anthroposophische Erkenntnisweg und eine geistige Wesenheit des Menschen keine lebendige Wirklichkeit sind?

J. Smit: Dieser Lehrer hätte dann nichts von dem aufgefaßt, was er tun würde; es wäre mehr eine äußere Nachahmung gewisser von ihm nicht durchdrungener Ergebnisse. - Um Mißverständnissen vorzubeugen, möchte ich ein Beispiel nennen: Aus der ganzen Tätigkeit als Waldorfpädagoge ergibt sich die sachgemäße Notwendigkeit, zum Beispiel Periodenunterricht durchzuführen. Also daß man die Fachgebiete so gliedert, daß der Stundenplan nicht wie ein Kaleidoskop gestaltet ist - erst eine Stunde Geographie, dann eine Stunde Geschichte, darauf eine Stunde Poesie, schließlich Gymnastik und zum Schluß Rechnen -, sondern vielmehr, daß gewisse Stoffgebiete in dem sogenannten morgendlichen Hauptunterricht periodenhaft durch mehrere Wochen hindurchgeführt werden. Durch eine derartige Periode ergibt sich sowohl für den Lehrer als auch für die Schüler eine intensive Konzentrationsmöglichkeit und ein organisches geistiges Wachstum.

Nun kann ein Lehrer, der nicht an der Anthroposophie arbeitet, dieses wahrnehmen und sich vornehmen, diesen Periodenunterricht auch in seiner Schule einzuführen. Er nimmt dann also etwas, was als Fruchtergebnis aus der Anthroposophie in die Waldorfpädagogik eingeflossen ist, ohne die Quelle selbst zu finden und zu beleben; er übernimmt letztlich nur die äußere Formgestaltung, etwas Vernünftiges. Wird das jetzt funktionieren oder nicht?

Ich habe da verschiedene Wahrnehmungen gemacht. Es könnte funktionieren, wenn sich der Lehrer so in sein Fachgebiet vertieft, daß er während dieser Epoche den Stoff weitgehend innerlich durchdringt. Allerdings habe ich auch die gegenteilige Wahrnehmung gemacht, daß der Lehrer die Sorge hat, die Kinder würden sich während dieser langen Unterrichtsperiode langweilen. - Also der Periodenunterricht ist kein Rezept, daß von selbst wirkt. Es kommt darauf an, ob der Lehrer um ein entsprechendes konzentriertes Leben in diesem Fachbereich bemüht ist, so daß jede Epoche erfüllt sein kann. Wenn das der Fall ist, so ist es eine gute Idee, die von anderen übernommen werden kann.

W.W.: Es gibt ja die Theorie, daß es für den Lehrer das Entscheidende sei, ein guter Praktiker zu sein, mit den Schülern zurechtzukommen, und daß es nicht so entscheidend sei, welchen wissenschaftlichen Hintergrund er für seine Methodik und Didaktik besitzt - und daß es demgegenüber Lehrer gebe, die zwar viel belesen seien, aber in der konkreten Unterrichtssituation scheiterten. Verstehe ich Sie recht, daß der wissenschaftliche Hintergrund für einen Lehrer von entscheidender Bedeutung ist?

J. Smit: Er ist eine zusätzliche Befruchtungsquelle. Das heißt nicht, daß jeder, der eine wissenschaftliche Bildung mitbringt, sofort ein guter Lehrer ist, und es ist durchaus richtig, daß es Menschen gibt, die von vorneherein schon als Lehrer sehr begabt sind, auch wenn sie keine besondere Übung haben. Meine Erfahrung ist aber, daß jeder Lehrer, der sich sozusagen nur auf seine Begabung beruft und der glaubt, das würde immer so weitergehen, sich furchtbar täuscht. Er wird die bittere Erfahrung machen, daß jede Begabung, die nicht weitergebildet wird, versiegt, sich erschöpft und sich nicht weiter als fruchtbar erweist.

Für die versiegenden Fähigkeiten ist eine neue belebende Quelle vonnöten, so daß man nicht nur ruht oder sich mit der schon vorhandenen Begabung befriedigt zurücklehnt, sondern ständig tiefer schürft, immer wieder sich bemüht, den werdenden Menschen in sich zu beleben. Die Anthroposophie bietet dazu die Möglichkeit, aber nur, wenn der einzelne Mensch sich wirklich anstrengt, betätigt und aus ihr etwas herausholen kann. Nichts geschieht automatisch.

Die Lehrerkonferenz als kontinuierliches Seminar

W.W.: Das schon angesprochene Mißverständnis, daß Waldorfschulen als Anthroposophieschulen bezeichnet werden, kann dies auch darin begründet liegen, daß viele Waldorflehrer den eigenen Zugang zur Anthroposophie nicht genügend erarbeiten? Oder liegt es auch mit darin begründet, daß durch das schnelle Wachstum der Waldorfschulen Lehrer in den Schulen tätig sind, denen die Anthroposophie fremd ist - daß also durch die eigenen Reihen die Substanz der Anthroposophie geschwächt ist und dadurch Irritationen außerhalb der Waldorfschulbewegung auftreten?

J. Smit: Das ist ein Problem, das nicht abschließend beantwortet werden kann. Das große Wachstum der Waldorfschulen hat verschiedene Seiten. Zunächt könnte man ja nur erfreut sein, daß so viele Menschen die Waldorfpädagogik wünschen, daß so viele Eltern mit ihren Kindern und Lehrer, die die Anthroposophie noch nicht besonders gearbeitet haben, sich anschließen wollen. Das ist ein offenes Feld, auf dem viel Neues geschehen kann.

Mir ist es wichtig zu sagen, daß es nicht darauf ankommt, wie vollkommen eine Waldorfschule ist, sondern ob ein fortschreitender Prozeß der Lernwilligkeit vorhanden ist. Es sollte eigentlich so sein, daß die Lehrer ihre Seminarausbildung immer nur als einen Anfang betrachten, denn die weitere Ausbildung des Lehrers hört nie auf, geht durch jede Schulpraxis. Deshalb sollte jede Lehrerkonferenz ein fortschreitendes kontinuierliches Seminar bilden. Immer ist es die Frage, ob eine Waldorfschule so stark lebt, daß jeder, der hinzukommt - ob er viel oder wenig weiß, ob er viel oder wenig kann -, in der wöchentlichen Konferenz etwas Neues lernen und erarbeiten kann. Das ist das Entscheidende einer Waldorfschule, nicht aber eine stabilisierte Vollkommenheit.

In bezug auf die starke Ausbreitung der Waldorfschulen neige ich dazu, das nicht als eine Gefahr für die anthroposophische Substanz zu bezeichnen, sondern als eine sehr große Aufgabe, alle diese Felder so viel wie möglich zu befruchten und weiterzuführen.

W.W.: Hätten Sie Vorschläge, wie man die Waldorfschulbewegung in ihrer starken

Ausbreitung stärken könnte, damit die anthroposophische Substanz in den Schulen intensiver gegriffen wird?

J. Smit: Zum ersten ist das eine Angelegenheit, die jeder Lehrer selbst berücksichtigen sollte, um seinen Beitrag an dem Platze zu leisten, an dem er steht. Ferner kann sich jedes Lehrerkollegium als autonome Gemeinschaft auf die eigene Situation besinnen. Darüber hinaus besteht die Möglichkeit der Zusammenarbeit innerhalb des Bundes der Freien Waldorfschulen und der Weltschulbewegung.

Im Laufe der letzten Jahre haben wir einige Versuche gemacht. Wir haben zum Beispiel ein besonders aktuelles Thema ausgewählt, dann sämtlichen Waldorfschulen in der ganzen Welt als Vorschlag unterbreitet, diesem Thema über zwei Jahre hinweg ein besonders intensives Studium zu widmen. Auf einer Welt-Lehrertagung am Goetheanum wurde das Ergebnis des weltweiten zweijährigen Studiums zusammengetragen, im Laufe einer einwöchigen Tagung, auf der sich 1.500 Waldorflehrer aus aller Welt begegneten, um sich zu konzentrieren. Eine Welt-Lehrertagung dieses Stiles ist bisher zweimal durchgeführt worden. (*Eine dritte Welt-Lehrertagung fand Ostern 1989 statt;* Red.)

Das ist aber nur ein kleiner Faktor; das Wichtigste ist immer die tägliche Arbeit an Ort und Stelle innerhalb jeder Schule und in jedem einzelnen Lehrer selbst, obwohl die zusätzliche gemeinsame kollegiale Zusammenarbeit in der ganzen Waldorfschul-Weltbewegung sehr anregend sein kann. Denn man lernt die Schulsituationen in anderen europäischen Ländern und anderen Kontinenten kennen, so daß die eigene kleine Arbeit an dem jeweiligen Ort hineingestellt in die große Kulturaufgabe besonders deutlich gesehen werden kann.

An der weltgeschichtlichen Krisensituation erstarken!

W.W.: Wenn man sich alles vor Augen führt, was ein Waldorflehrer idealiter leisten sollte, wenn man zugrunde legt, was wir über den Schulungsweg besprochen haben, wenn man noch hinzunimmt, daß Rudolf Steiner von den Waldorflehrern verlangt, daß sie wache Beobachter des Zeitgeschehens sein sollten, so entsteht die Frage, ob es bei der zeitlichen und arbeitsmäßigen Überlastung jedes einzelnen Waldorflehrers überhaupt möglich ist, dies auch nur annähernd zu verwirklichen?

J. Smit: Ich würde das wieder in die Richtung der großen Aufgabe betrachten. Von einem gewissen Gesichtspunkt könnte man heute sagen, daß jeder Mensch in der Gegenwart, in der furchtbar schwierigen Gegenwartslage der Menschheit, überfordert ist. Wir alle sind im Augenblick in einer furchtbar großen weltgeschichtlichen Krisensituation. Das sollte aber nicht zerschmetternd wirken, sondern eher dazu aufrufen, alle Kräfte in jedem Menschen anzufachen, um Neues aus diesem großen Widerstand der Behinderungen, dieser von Menschen selbst erzeugten Schwierigkeiten, zu gewinnen: der Umweltverschmutzung, dem Wettrüsten, der Verletzung der Menschenrechte und allem anderen, was wir als die großen Belastungen in der Gegenwartssituation der Menschheit kennen.

Also zunächst muß man die eigene Tätigkeit in die Zeitsituation hineingestellt sehen, daß in der Gegenwart nichts leicht ist - insofern sind auch alle Lehrer aller Schulen betroffen, nicht nur der Waldorfschulen. Jede Unterrichtssituation in der ganzen Welt ist heutzutage in einer äußerst schwierigen Situation; aber das ist kein Grund zu resignieren, sondern vielmehr alles zu tun, was einem möglich ist an dem Platz, an dem man gerade steht.

Geht man dann zu den einzelnen konkreten Fragen der Überforderung des jeweiligen Waldorflehrers über, dann muß die entsprechende Situation an Ort und Stelle erst wahrgenommen werden. Liegt dort eine unvernünftige Disposition der Arbeitszeit vor? Werden die Lehrerkonferenzen geistig-ökonomisch durchgeführt? Könnten die Konferenzen umgestaltet werden, so daß sie in einem höheren Grade zu einer Quelle der Kraft für alle Lehrer werden?

W.W.: Geben die Waldorflehrer zu viele Stunden?

J. Smit: Das würde ich schon sagen, daß manche Lehrer mit einer zu großen Stundenzahl belastet sind. Aber das ist ein kollegiales Problem, denn wenn ein Lehrer weniger Stunden haben möchte, dann muß entweder ein anderer Lehrer mehr Stunden geben oder ein weiterer Kollege eingestellt werden. Diese kollegiale Sache kann nie von einem Lehrer allein beurteilt werden.

W.W.: Wäre es eine Möglichkeit, die Schule so zu strukturieren, daß die Lehrer weniger Stunden als bisher geben, um mehr Kraft und Zeit für das Studium der Geisteswissenschaft zu haben? Oder ist die doch starke wirtschaftliche Abhängigkeit vom Staat dafür ein Hindernis?

J. Smit: Die Beziehung zum Staat ist nicht die Hauptsache, sondern dies liegt in der Fähigkeit der ganzen Schulgemeinschaft. Wie groß ist das Verständnis für diese Zusammenhänge innerhalb der ganzen Schulgemeinschaft? Wie groß ist die Ausstrahlungskraft der Lehrer, so daß man dem Bedürfnis nach geistiger Betätigung durch wirtschaftliche Grundlagen entgegenkommt?! Denn um weniger Stunden geben zu können, aber mehr Studienzeit zu haben, bedarf es einer breiteren wirtschaftlichen Grundlage. Aber das ist nur möglich, wenn ein entsprechendes Verständnis dafür erarbeitet worden ist, sonst bleibt es ein leerer Wunsch, der unerfüllt bleiben muß.

W.W.: Sehen Sie Möglichkeiten in der Bundesrepublik Deutschland, die Abschlußprüfung für das gesamte Schulwesen abzuschaffen? Ist die Zeit schon reif, daß man zum Beispiel von der Waldorfschulbewegung aus Veränderungen erwirken könnte oder bleibt dies auch ein leerer Wunsch?

J. Smit: Nicht sofort; ich glaube, das wäre völlig unrealistisch. Die Abiturordnung ist in der BRD dermaßen tief in dem Bewußtsein aller Menschen verankert, daß ohne eine wesentliche Änderung der Kulturstimmung vorläufig nichts verändert werden kann.

In Norwegen ist es allerdings erreicht, daß die Schüler der Waldorfschulen, wenn sie aus der 12. Klasse herausgehen, ohne Abiturprüfung, nur auf Grundlage der Zeugnisse der Waldorfschullehrer, den Zugang zur Universität und Hochschule, je nach ihren Fähigkeiten bekommen. Das wurde aber erst durch jahrzehntelange Arbeit und durch langsame Bewußtseinsbildung in allen Kulturkreisen Norwegens erreicht.

Das ist aber die Voraussetzung, denn man kann nicht plötzlich etwas in einem Gebiet postulieren, in dem eine solche Examensprüfung tief verankert ist. In der BRD benötigen wir erst eine neue allgemeine Kulturstimmungsänderung, bevor neue Regelungen in diesem Sinne eingeführt werden können.

Zusammenarbeit aus freier Initiative

W.W.: Was würden Sie sich für die Waldorfschulbewegung, für die Beziehung der Waldorfschulbewegung zur Anthroposophischen Gesellschaft, zur Hochschule und für die Kulturerneuerung wünschen, damit die Waldorfschulbewegung in den nächsten Jahrzehnten gestärkt wird?

J. Smit: Das ist eine sehr große allgemeine Frage! Zuerst muß sie immer auf den einzelnen Lehrer gerichtet werden, so daß man jedem Lehrer nur wünschen möchte, seine Fähigkeiten zu intensivieren, um die Kinder und Jugendlichen menschengemäß zu fördern, denen er begegnet. Eine weitere Zukunftsquelle liegt in der Neubelebung der Arbeit in den Kollegien, d.h. in der Zusammenarbeit zwischen den Lehrern innerhalb jedes Kollegiums. Dort liegen enorm große und tiefe Zukunftspotenzen, die jeder einzelne Lehrer als zusätzliche Kräfte in sich aufnehmen kann und die immer weiter gesteigert werden können.

Sofort, wenn das zu wachsen beginnt, öffnen sich die Möglichkeiten von der Zusammenarbeit innerhalb des Kollegiums hinaus zu einer allgemeinen Kulturzusammenarbeit mit allen anderen Menschen, die sich auch ganz für eine tiefgreifende Kulturerneuerung der Gegenwart einsetzen wollen. An dieser Stelle steht die Zusammenarbeit der Waldorfschulen mit allen anderen Menschen in der anthroposophischen Bewegung, vorzüglich mit der Anthroposophischen Gesellschaft.

W.W.: Wie sieht diese Zusammenarbeit mit der Anthroposophischen Gesellschaft aus?

J. Smit: Das ist eine ganz individuelle Angelegenheit. Jeder einzelne muß seinen Ansatzpunkt finden, ihn wahrnehmen und auch tun. Geschieht dies aber, so kann man durch Taten und tatsächliche fruchtbare Zusammenarbeit sehr viel Neues entdecken, von dem man glaubt, ohne es getan zu haben, dafür hätte man keine Zeit. Wenn man aber diese Zusammenarbeit in ihrer positiven Kraft entdeckt und realisiert, so bekommt man mehr Zeit, weil sich die eigenen Kräfte steigern.

Hier kann man sich manchmal täuschen, wenn jemand behauptet, er habe hierzu und dazu keine Zeit, auch wenn es logisch ganz richtig so in seinen Stundenplan paßt und kein Platz für weitere Aktivitäten vorhanden zu sein scheint. Wenn man aber den inneren Ruck macht und etwas Überschüssiges tut, durch freie Initiative, dann steigern sich die Fähigkeiten des Menschen und man bekommt plötzlich mehr Zeit als man im voraus glaubte zu haben.

Kritiker und Gegner

Hier folgt eine Vorstellung von Kritikern und Gegnern der Waldorfpädagogik und eine Auseinandersetzung mit deren Publikationen aus neuerer Zeit. Im Vertrauen auf die Urteilskraft der Leser werden nicht alle Zitate aus diesen Publikationen bis ins letzte richtiggestellt und widerlegt werden, da viele Kritiker und Gegner um eine ernsthafte und sachliche Auseinandersetzung meist nicht bemüht sind, und der Aufwand zur Entwirrung der oft tendenziösen Halbwahrheiten somit nicht gerechtfertigt erscheint. Einzelne Aspekte solcher Publikationen bestätigen als Ausnahme die Regel, die der Versuch der subtilen bis demagogischen Beeinflussung der öffentlichen Meinung ist. Dieser Versuch hat in Form von verschiedensten Publikationen an Intensität gewonnen, seit, durch das enorme Wachsen der Anzahl der Waldorfschulen, die Waldorfpädagogik stärker in das öffentliche Bewußtsein getreten ist. Die Spannbreite der unterschiedlichen Qualitäten und Motive, die Spannbreite von bewußter und boshafter Verleumdung bis zur ernstzunehmenden Kritik soll durch einige Schlaglichter und Zitate verdeutlicht werden, auch um eine Grundlage zu geben für das danach folgende Interview mit Johannes Kiersch, Dozent am Lehrerseminar in Witten. Da Johannes Kiersch sich seit längerer Zeit intensiv mit den Kritikern der Waldorfpädagogik auseinandersetzt, haben wir in diese Darstellung auch einen Artikel von ihm aufgenommen, der als Beispiel für eine Erwiderung auf eine ernstzunehmende und anregende Kritik (Heiner Ullrichs) gelten kann.

Zunächst folgen Artikel zum Distelbund, zu Klaus-Peter Meyer-Bendrat, Klaus Prange und Fritz Beckmannshagen.

DISTEL BUND

"An allem Unfug, der passiert, sind nicht etwa nur die schuld, die ihn tun, sondern auch die, die ihn nicht verhindern."

Mit dem oben abgebildeten Briefkopf und dem Zitat von Erich Kästner als Motto, das durchaus treffend auf die Aktivitäten der polemischen Gegner der Waldorfpädagogik angewendet werden könnte, agiert der "Distelbund". Er wurde am 12. Juli 1985 als Verein gegründet und - wie auch immer - als gemeinnützig anerkannt. Der Distelbund verschickt an Mitglieder und Interessierte "Info-Briefe", in denen er sich wie folgt darstellt:

> Der Distelbund "sieht seine Aufgabe darin, Schülern, Eltern und Lehrern, die sich an Waldorfschulen in Schwierigkeiten befinden, Hilfen zu geben, er will ferner die Öffentlichkeit über die tatsächlichen Vorzüge und Nachteile dieses Schulsystems informieren.
>
> Für unsere Arbeit gibt es vielfältige Anlässe und Gründe, denn kaum vergeht ein Tag, an dem nicht in den Medien über die Vorzüge der Waldorfschulen berichtet wird. Diese Informationen sind fast ausnahmslos in den schönsten Farben ausgelegt. (...)
>
> Der Distelbund will objektiv sein: die meist schön gefärbten Berichte, die von der Waldorfschule initiiert sind, wird er durch Berichte ergänzen, in denen auch die negativen Seiten dieser Schulen aufgezeigt werden.
>
> Der Distelbund will deshalb eng mit Fachwissenschaftlern, Medizinern, Behörden und dem Kultusministerium zusammenarbeiten. Sollten Sie, lieber Leser, Ihrerseits bereits Erfahrungen mit einer Waldorfschule gemacht haben, so bitten wir Sie, uns diese mitzuteilen." (Aus: Info-Brief, September 1985).

Was auf den ersten Blick noch halbwegs vernünftig erscheinen mag, zeigt bei näherer Betrachtung bereits einen merkwürdigen Beigeschmack, wird doch ein Bild der Waldorfschulbewegung angelegt, das den Eindruck einer Organisation erweckt, die bewußt gelenkt Berichte in den Medien veröffentlicht, die den Tatsachen nicht entsprechen und einer objektiven Ergänzung bedürfen. Solche "objektive Ergänzung" wird anscheinend in ausschließlich negativen Bewertungen gesehen, denn wie es mit der in Anspruch genommenen Objektivität bestellt ist, wird aus dem Umstand deutlich, daß über die "Vorzüge dieses Schulsystems" in den "Informationen" des Distelbundes *nichts* zu finden ist. Stattdessen findet man Warnungen vor der "Waldorfpropaganda" und der "Insiderlektüre": "Beim Lesen dieser erwähnten Schriften beginnt schon die 'stille' Verführung!" (Aus: Info-Brief, Januar 1986). Es wird immer von der Unmündigkeit und der Unfähigkeit zum eigenen Urteil von an der Waldorfpädagogik interessierten Menschen ausgegangen, die es zu warnen und vor der "Verführung" zu bewahren gilt. Der so zutage tretende missionarische Eifer setzt sich nicht nur schlicht über die Tatsache einer jahrzehntelangen erfolgreichen Arbeit der Waldorfschulen hinweg, sondern qualifiziert Lehrer und Eltern gleichermaßen ab. Die eigenen Stellungnahmen des Distelbundes sind mit solchen Warnungen und Allgemeinplätzen auch schon erschöpft.

Die eigentliche Art des Distelbundes besteht darin, vielfältige Kritikpunkte und angebliche Nachteile in bezug auf die Waldorfschulen, die Waldorfpädagogik und die Anthroposophie zu sammeln und zu zitieren. Dazu ist jede Kritik, jede unschöne Erfahrung und jede Art des Konfliktes und der Auseinandersetzung willkommen. Durch

A. Paul Weber -
Die Gegner
© VG Bild-Kunst,
Bonn 1989

anonyme Anzeigen versucht der Distelbund, Berichte von Eltern, Lehrern und Schülern zu sammeln, die er verwerten kann.

Die in den Info-Briefen vereinten und untereinander kaum in Zusammenhang stehenden, durcheinander zitierten Äußerungen und Polemiken verschiedenster Kritiker und Gegner stammen zum Teil aus konträrer Geisteshaltung und sich widersprechenden Ansätzen von Pädagogen, Psychologen oder Klerikern. Unter anderem kommen zu Wort:

- Klaus Prange: Erziehung zur Anthroposophie*
- Jan Badewien: Anthroposophie
- Fritz Beckmannshagen: Rudolf Steiner und die Waldorfschulen*
- Heiner Ullrich: Anthroposophie - zwischen Mythos und Wissenschaft*
- Traugott Kögler: Anthroposophie und Waldorfpädagogik
- Vera Pierott: Anthroposophie - eine Alternative?
- Klaus-Peter Meyer-Bendrat*
(* siehe dazu die folgenden Artikel)

Beckmannshagen, Badewien und Prange dienen dem Distelbund als Zugpferde, und die beiden Letztgenannten waren als Vortragende bei öffentlichen Veranstaltungen des

Distelbundes aktiv. In der Herner Presse gab es einige Ausführungen darüber. Der Distelbund gibt sehr viel auf die Titel der oben genannten Autoren, und biedert deren Werke, teilweise mit Eigenlob und Selbstreklame, an:

"... der Distelbund begrüßt aufs Wärmste die Aussage des Erziehungswissenschaftlers Prof. Dr. Klaus Prange, der mit seinem Buch die Waldorfschulen auf den wissenschaftlichen Prüfstand stellt ..."

Oder: "... der Autor (Beckmannshagen) weiß, wovon er redet ..., der Distelbund hat in unermüdlichen Gesprächen und Aufrufen in Funk und Presse dazu beigetragen, daß dieses Buch bekanntgeworden ist ..."

Durch das ständige Berufen auf "die Fachwissenschaften" soll wohl der Eindruck von Sachverstand, Seriosität und Etabliertheit erweckt werden, doch kann auch das Benutzen von teurem Briefpapier und Umschlägen mit Aufdruck und Symbol nicht über den zusammengestückelten Inhalt der Info-Briefe hinwegtäuschen, welche zudem noch nachlässig und sehr fehlerhaft getippt sind. Ein ernsthaftes Bemühen um Sachverstand ist jedoch nicht festzustellen, sondern eher ein Verabsolutieren eigener Enttäuschungen und Erfahrungen:

"Alle Aussagen, die wir machen, können nicht bestritten werden, da sie auf Selbsterfahrung beruhen." (Info-Brief, Januar 1986).

Der Distelbund ist aus persönlichen Enttäuschungen und Konflikten entstanden, die Helmut W. Biller, Vorstandsmitglied und Initiator des Distelbundes, und wenige andere betrafen. Das wird auch aus einem Leserbrief Helmut W. Billers deutlich, der zu einem Artikel von Klaus Prange im "Elternforum, Zeitschrift der katholischen Elternschaft Deutschlands", Heft 4 + 5, 1976, veröffentlicht wurde:

"Mein Sohn hat drei Jahre den Waldorf-Kindergarten und später fünfeinhalb Jahre die Waldorf-Schule besucht. Wir wurden ein Opfer der Waldorf-Propaganda, die verkündet, daß an Waldorf-Schulen 'angstfrei' unterrichtet wird, eine Pädagogik angeboten wird, die kindgerecht und nach den Fähigkeiten des Kindes ausgerichtet ist und auf die Wesenheit des Kindes eingeht. (...)
Ich habe nicht 'Freiheit' erlebt, sondern eine ideologische Enge vieler Waldorf-Lehrer, die man sich in einer Demokratie überhaupt nicht vorzustellen vermag. In Waldorf-Schulen erlebt man 'Dogmatismus', vor allem die 'Gebote und Verbote' sind es, die vielen Schülern und Eltern das Leben schwermachen können. (...)
Hier hat man es mit Menschen zu tun, die fest daran glauben, schon mehrmals gelebt zu haben (Reinkarnation). Es gibt nicht die christliche Vergebung oder Gnade, alles ist Vorbestimmung (Karma)."

Es wäre verwunderlich, wenn es, bei der großen und schnellen Ausbreitung der Waldorfschulen, nicht auch auf persönlichen Schwächen beruhendes Fehlverhalten seitens einiger Lehrer, Kollegien oder sogenannter Anthroposophen gäbe; hier und da auch überhebliches oder dogmatisches Auftreten. Dieses wird vom Distelbund oft angesprochen. Doch gerade weil in solchen Fällen Anspruch und Wirklichkeit auseinanderklaffen, kann ein solches Verhalten nicht pauschal verobjektiviert und als Aufhänger zur Kritik an der Sache herangezogen werden, sei die Enttäuschung auch noch so groß, die man unter Umständen erlebt hat.

Ebensowenig fruchten Vorwürfe an Menschen wie H. W. Biller, auch wenn sich die Frage erhebt, ob man tatsächlich - wie H. W. Biller es behauptet - sein Kind 8.1/2 Jahre in Waldorfzusammenhängen begleiten kann, bei zeitweilig tätiger Mitwirkung im Elternbeirat, um sich nach dieser langen Zeit dann plötzlich von den Grundlagen der Waldorfpädagogik überrollt zu fühlen, und so zu tun, als hätte man von diesen Grundlagen nicht gewußt oder wissen können und als wäre man unmündig und unfähig zur Auseinandersetzung gewesen.

Es erheben sich aber auch Fragen an die Waldorfschulbewegung, die in ähnlicher Weise auch in den in diesem Heft veröffentlichten Interviews und Artikeln gestellt und beleuchtet werden: Wie weit sollte bereits in Aufnahmegesprächen den Eltern ein Wissen um die Waldorfpädagogik und ihre Stellung zur Anthroposophie vermittelt und der Öffentlichkeit bei Schulgründungen dargestellt werden?

Auch angesichts der Arbeitsüberlastung der Lehrer, insbesondere während der ersten Jahre der Schulgründungszeit, darf vielleicht gefragt werden, ob die Zahl der Aufnahmegespräche nicht erheblich erhöht werden müßte, um Mißverständnissen vorzubeugen.

Wie weit muß die Anthroposophie dargestellt werden, insofern sie Grundlage der pädagogischen Methodik und Didaktik ist - etwa in bezug auf die Menschenerkenntnis, die Entwicklung der Wesensglieder, den Umgang mit den Temperamenten usw. -, und wie weit darf die Anthroposophie auch nur dargestellt werden, wenn eine solche Darstellung nicht gefragt ist?

Fragen, die sicher nicht leicht zu beantworten sind, die aber stärker als bisher erkenntnismäßig aufgegriffen werden sollten. Daß daran gearbeitet wird, zum Beispiel in Eltern-Lehrer-Tagungen, muß allerdings auch betont werden.

Aus allen Äußerungen Helmut W. Billers und des Distelbundes ist die persönliche Betroffenheit durch irgendeine enttäuschende Erfahrung herauszuhören. Irgendwann schlug die anfängliche Begeisterung in Frustration um, und äußert sich nun in Emotion, der sich alles einfügt, was sich gegen die Objekte der ehemaligen Sympathie richtet oder wenden läßt.

Wenn sachliche Aussagen getroffen werden, sind sie meist halbwahr, und daher besonders verfänglich, oder einfach falsch, wie die im Leserbrief geäußerte Billersche Karma-Auffassung. Mit einem anthroposophischen Karma-Verständnis hat diese nichts zu tun, denn Schicksal wirkt nicht so, daß alles Vorbestimmung ist, sondern es führt den Menschen als Folge seiner Taten zur Freiheit. Schicksal führt die Gelegenheiten herbei, damit der Mensch sich entwickeln kann. Der Mensch kann sich der Folgen seiner Taten nicht entledigen und er muß lernen, mehr und mehr die Verantwortung für sie zu übernehmen. Jede Tat, auch die freie Tat, hat Folgen und zieht gewisse Notwendigkeiten nach sich: Das Empfangen eines Kindes zum Beispiel verlangt das Sorgen für das Kind, die Ernährung, Erziehung usw. Diese Notwendigkeiten führen aber immer wieder zu neuen Entschlüssen und Möglichkeiten neuer freier Taten.

Rudolf Steiner weist darauf hin, daß Christus es ist, der den Menschen die Schuld, die sie nicht tragen können, abnimmt. Christus ist der Herr des Karmas, der dafür Sorge trägt, daß der karmische Ausgleich der menschlichen Taten sich zum Heile des Menschenbruders und der Menschheit vollzieht (vgl. zum Beispiel: Das esoterische Christentum und die geistige Führung der Menschheit; GA 130, Vortrag vom 02.12.1911, S.166). Karma vollzieht sich nicht in alttestamentarischer Linearität eines "Auge um Auge, Zahn um Zahn", sondern in sehr vielschichtiger Weise, die den Menschen nicht seiner Verantwortung entbindet, sondern ihn zu einer erhöhten Verantwortung führt, die er durch die Verbindung mit Christus erlangen kann.

Selbstverständlich kann hier die Komplexität eines anthroposophischen Karma-Begriffs und die Wirksamkeit des Schicksals nur gestreift werden, doch mag das Beispiel vielleicht genügen, um zu zeigen, daß eine inhaltliche sachliche Auseinandersetzung mit dem Distelbund gar nicht gefragt ist und auch nicht geboten erscheint. Nachdenklich sollte aber doch die tragische Tatsache stimmen, daß es Menschen wie Helmut W. Biller gibt, die aufgrund von Enttäuschungen und Konflikten zu Gegnern der Waldorfschulen geworden sind. Die Wirkung des Distelbundes sollte nicht unterschätzt werden, weil die Art und die Sprache seiner Ausführungen mit ihren vereinfachten, oft polemischen Halbwahrheiten einen Nerv unserer Zeit treffen. Bei Menschen, die der Waldorfpädagogik fernstehen oder die Enttäuschungen an Waldorfschulen erlebt haben und die sich keine Erkenntnisgrundlagen aneignen konnten, könnten solche Aussagen und Formulierungen möglicherweise verfangen.

Bernd Hansen
Klaus-Dieter Neumann

ZU EINEM THESENPAPIER VON K.-P. MEYER-BENDRAT

Als einer der schärfsten und emotionsgeladensten Gegner der Waldorfpädagogik und der Anthroposophie - dahingestellt sei, wieviel Wissen vorhanden ist - muß der Diplom-Pädagoge Klaus-Peter Meyer-Bendrat gelten. Er arbeitet nach eigener Aussage an einem Buch, dessen Fertigstellung und Herausgabe sich allerdings wiederholt verzögert hat. Meyer-Bendrat nennt sich, zusammen mit Frau Professor Dr. Etta Wilken von der Universität Hannover, als Anlaufstelle für Menschen mit Problemen mit der Waldorfpädagogik und verweist auch auf den Distelbund, wo er, wie auch in Zeitschriften der Gewerkschaft Erziehung und Wissenschaft, publiziert oder zitiert wird.

In einem Thesenpapier, das er vorab versendet, weist er auf sein Buch hin und stellt in 22 Punkten Behauptungen auf, die in seinem Buch angeblich "ausführlich gerechtfertigt werden". Der Buchtitel soll heißen: "Erziehung ins okkulte Mittelalter. Vom angstvollen Lernen und schuldbewußten Handeln der Waldorfschüler durch eine repressive Erziehungsmechanik." Das Thesenpapier hat den Untertitel: "Thesen zum repressiven Erziehungsprozeß in den Waldorfschulen und anthroposophischen Erziehungsstätten."

Durch das Lesen dieses Papiers gewinnt man den Eindruck, daß man Meyer-Bendrat, der von 1960 bis 1974 Waldorfschüler der Stuttgarter "Mutterschule" war (und somit etwa 35jährig sein dürfte), als ein gutes Beispiel dafür nehmen kann, daß an der Waldorfschule *nicht* Anthroposophie gelehrt wird und die Schüler anthroposophische Inhalte *nicht* eingetrichtet bekommen; anderenfalls müßte er davon mehr mitbekommen haben und könnte keine derart hanebüchenden Verdrehungen und Deutungen vornehmen sowie mißverstandene Äußerungen solcher Art weitergeben bzw. erfinden. Sachlich-analytisch kann man kaum auf Meyer-Bendrats Thesenpapier eingehen: Kaum eine Äußerung hält einer Prüfung stand oder läßt sich auf ihre Quelle zurückführen und belegen. Es wird nicht aus einer Sachkenntnis der Anthroposophie gearbeitet und zitiert; vielmehr wird Aufgeschnapptes und offensichtlich bewußt Verfälschtes, teilweise aus schon verfremdeten Äußerungen anderer oder aus Gerüchten, zu einem Pamphlet gestaltet. Dieses hält nirgendwo inne und vertieft keine sachlichen Punkte und Aussagen, stattdessen werden Behauptungen nach subjektivem Sensationswert in der Art von BILD-Zeitungsschlagzeilen aneinandergereiht.

Es ist bitter, jemanden mit einem pädagogischen Abschluß, sich mit einer pädagogischen Auffassung auf solche Weise auseinandersetzen zu sehen. Uns bleibt unklar, *wen* Meyer-Bendrat zu erreichen meint, welche Zielgruppe und Mentalität er ansprechen will, und ob er glaubt, mit oberflächlichen Schlagzeilenbehauptungen überzeugen zu können. Oder will er sich lediglich, mehr oder minder unbewußt, in einem Bad eigener Haßgedanken und Unverdautheiten abreagieren und "befreien"?

Wir möchten hier aus einigen seiner Thesen zitieren, um ihre krasse Art unverfälscht darzustellen und ihre sachliche Unhaltbarkeit durch sich selbst zu dokumentieren:

"Waldorflehrer müssen gläubige Anthroposophen sein ..."

"... Die Lehrer betreiben mit den Schülern eine spezielle 'Christologie', mit Christus als Sonnengott, der in seinem Inkarnationswesen den unschuldigen Teil Adam, den Astralleib Buddha, das Ich des Zarathustra und STEINER bei seinem Inkarnationsprozeß in Palästina vereinigte ..."

"... Das anthroposophische Erziehungskonzept verlangt in letzter Konsequenz ein Wert- und Normensystem, das präfaschistoid-großbürgerlich und antimarxistisch orientiert ist. Besonders in Zeiten kultureller und ökonomischer Krisen des kapitalistischen Gsellschaftssystems bietet das anthroposophische Weltbild Scheinlösungen der Befriedung von Klassen- und Machtgegensätzen an, die besonders kleinbürgerlich sozialisierten Bürgern einleuchten sollen. Die Scheinlösung nennt sich drei-gegliedertes Gesellschaftssystem auf das insbesondere die Schüler der Oberstufen eingeschworen werden. Es ist eine Sozialutopie eines 'Engelreiches auf Erden' mit totalitären faschistoiden Zügen ..."

"In der Gegenwart wirken sich im Erziehungsfeld insbesondere die faschistoid morphologischen Charakterstudien zum gravierenden Nachteil für viele Schüler aus. Ein Kind mit angewachsenen Ohrläppchen oder roten Haaren ist auch noch 1985 charakterlich verdächtig."

"In der Waldorfschule werden elitäre Über-Menschen und Aussteiger herangebildet, die Palette der jüngeren Schulgeschichte reicht von Ulrike MEINHOFF bis Otto SCHILY, von Michael ENDE bis Peter von SIEMENS. Wer Aussteiger oder Über-Menschen aus seinem Kind machen lassen will, der muß bei der derzeitigen Nachfrage in den Großstädten nach einem Waldorfschulplatz sein Kind schon im vierten Schwangerschaftsmonat bei den Anthroposophen anmelden ..."

Ausführlich auf Meyer-Bendrats Thesenpapier einzugehen, hieße jeder Seite ein Buch an Sachlichkeit und Klärung beizufügen - dazu ist seine Arbeit jedoch zu wertlos und dialogzerstörend. Seine sogenannten Thesen und wohl auch sein Buch - wenn es denn mal erscheinen wird - werden sich durch ihre Art selbst disqualifizieren.

Es gibt einige Gegner und Kritiker der anthroposophischen Impulse, die aus klerikaler oder intellektuell-materialistischer Weltanschauung gegen diese vorgehen. Doch den meisten von ihnen bieten gerade die Inhalte der Anthroposophie und die Erkenntnisse Rudolf Steiners (oftmals fast freudig) Gründe zur Gegenargumentation, eben durch die Verarbeitung von Fakten und Kausalzusammenhängen aus authentischen Quellen. Dieses ist zum Beispiel mehr oder weniger bei H. Ullrich, F. Beckmannshagen, J. Badewien oder auch K. Prange der Fall, von denen Meyer-Bendrat nur Ungeprüftes an unsachlichen polemischen Formulierungen und Schlagworten übernimmt.

Wer sich *seiner* Sache sicher ist, eine durchdachte eigene Position hat, und vom "Gegner" Sachkenntnis besitzt, hat Freude am Argumentieren und dem Aufbau einer gedanklichen Opposition. Bei Meyer-Bendrat ist davon nichts erkennbar, ebensowenig wie eine tiefere Kenntnis der Waldorfpädagogik und der Anthroposophie.

Bernd Hansen
Klaus-Dieter Neumann

WALDORFPÄDAGOGIK A LA KLAUS PRANGE

Der Pädagogikprofessor Klaus Prange ist ein überaus aktiver Kritiker bzw. Gegner der Waldorfschulen und der Anthroposophie. Ehemals in Kiel tätig, lehrt er jetzt in Bayreuth und ist Verfasser eines dreibändigen Werkes mit dem Titel: "Pädagogik als Erfahrungsprozeß". Er diente im Februar dieses Jahres dem Distelbund als Vortragsredner anläßlich dessen erster, größerer öffentlicher Veranstaltung in Herne, also in unmittelbarer Nachbarschaft zu einigen großen anthroposophischen Einrichtungen, wie zum Beispiel dem Lehrerseminar in Witten oder der bekannten Hibernia-Schule in Herne. Prange begann seinen Vortrag mit den Worten:

"Die Anthroposophie ist eine Droge für Enttäuschte, das Opium Glaubenswilliger nach dem Tode Gottes ..., (und) die Waldorfpädagogik ist der Versuch, diese Droge schmackhaft zu machen ..."

Diese Äußerung, in der der "Tod Gottes" wie selbstverständlich vorausgesetzt wird, beleuchtet nicht nur Pranges Einstellung zur Anthroposophie und seine Bewertung ihrer Inhalte, sondern läßt auch auf sein Weltbild schließen. Seine Ansicht vom "Tode Gottes" hinderte ihn jedoch nicht daran, in der "Zeitschrift der katholischen Elternschaft Deutschlands - Elternforum" einen Artikel über und gegen die Waldorfpädagogik zu veröffentlichen ("Erziehungsziele und Pädagogik der Waldorf-Schulen", Elternforum, Heft 3, 1986), in dem er nun ausgerechnet und fälschlicherweise behauptet, daß die Waldorfschule nicht christlich sei. Der Artikel steht in enger Beziehung zu seinem Buch "Erziehung zur Anthroposophie - Darstellung und Kritik der Waldorfpädagogik" (Julius Klinkhardt Verlag, Bad Heilbrunn 1985).

Das Buch und der Artikel sind zwar nicht so polemisch gehalten, wie der Vortrag vor dem Herner Publikum, doch werden auch in ihnen etliche freche Behauptungen aufgestellt sowie - besonders im Buch - eine sehr verdrehte und gewertete Darstellung von Rudolf Steiners Leben und Entwicklung gegeben (vgl. S.31). Meines Erachtens sind jedoch die unterschwelligen, versteckten Aussagen, Wertungen und Unterstellungen wesentlich wirksamer in der Beeinflussung der öffentlichen Meinung, da sie sich unerkannt und subtil ihren Weg bahnen. Kennern der Anthroposophie werden sie auf- und mißfallen. Der unbedarfte Leser jedoch wird sich an der Unwahrheit dieser Prädikate kaum stoßen, da er sie nur schwerlich bemerken wird.

Bereits der Buchtitel "Erziehung zur Anthroposophie" enthält eine solche unterschwellige Behauptung, da er den Leser glauben macht, daß dies ein Erziehungsziel der Waldorfpädagogik sei, was ganz dezidiert nicht der Fall ist. Bezeichnenderweise verfällt Prange immer wieder in solche subtile Indoktrination, die er doch gerade an den Waldorfschulen entdeckt zu haben glaubt.

Dieses gilt zum Beispiel auch für die Überschriften einiger Kapitel des 192 Seiten starken Buches:

Kapitel 4: Erlebte Vorstellungen: Die Wissenschaft eines Geistersehers
Kapitel 5: Enthüllungen: Erziehung als Einweihung
Kapitel 6: Curriculum und Karma: Zum Lehrplan der Waldorfschule
Kapitel 8: Aussichten der Waldorfschule oder: Die Zukunft der absoluten Erziehung

Einige Titel könnten jedoch gute Charakteristiken anthroposophischer bzw. waldorfpädagogischer Ansprüche sein, wenn der Inhalt ihnen folgte und um Sachlichkeit bemüht wäre:

Kapitel 3: Steiners Metamorphose: Vom Kulturkritiker zum Menschheitsführer

Kapitel 7: Lernen im Atem des Kosmos. Unterricht als Gesamtkunstwerk

Prange ist in seinem Stil eher kühl und rationalistisch. In seinen teilweise sehr originellen, findigen Formulierungen und Polemiken ist kein persönlicher Haß, keine Emotion erkennbar, sondern eher die überhebliche Distanz eines sezierenden Dialektikers, der sich in seiner Überzeugung eingemauert hat. Wenn ich meine Betroffenheit über einige treffende Beobachtungen und einige gewollt einseitig-falsche Darstellungen unterdrücke, finde ich ihn sehr unterhaltsam und zum Nachdenken anregend. Wenn er allerdings von der Beschreibung allgemeiner Zustände, menschlicher Verhältnisse oder menschlichen Verhaltens und organisatorischer Mängel in Waldorfzusammenhängen zur inhaltlichen Auseinandersetzung mit der Anthroposophie und den Grundlagen der Waldorfpädagogik kommt, ändert sich das. Dann lebt Pranges "Darstellung und Kritik" von dem zynisch-satirischen Kommentieren des Dargestellten, wobei nie klar wird, aus welcher Überzeugung heraus er urteilt, welches pädagogische Konzept, welches Weltbild er innehat und dem Gegenstand seiner Auseinandersetzung entgegenstellt.

In seinen Schriften - es liegt unter anderem auch eine sehr interessante Kontroverse zwischen Johannes Kiersch (siehe Interview; Red.) und Klaus Prange in der "Zeitschrift für Pädagogik" als Sonderdruck vor - gibt Prange sich sehr informiert und belesen. In seinem Buch zitiert er Rudolf Steiner über 100mal und 'zigmal sekundäre Literatur zur Waldorfpädagogik - neben etlichen Kritikern, Pädagogen, Philosophen oder Psychologen mit anderen Ansätzen. Größtenteils zitiert er korrekt. Einige Fehler haben sich eingeschlichen, ohne taktisch-entstellend eingefügt zu sein. Dazu ist Prange von seiner Beurteilung der Waldorfpädagogik und Anthroposophie zu überzeugt. Bemerkbar wird dieses unter anderem dadurch, daß er, bei aller Liebe zur eigenen Sprachgewandtheit und Polemik, oftmals die Zitate oder Aussagen aus der Anthroposophie direkt als solche stehenläßt. Er meint wohl, daß diese durch sich selbst, sozusagen Negativdokumente spinnerter Entgleisungen, genügend sprechen. Er benutzt den Anspruch der Waldorfpädagogik als Argument gegen sie. Ganz deutlich wird dies, wenn es um das Zitieren esoterischer Inhalte geht, um das Nennen von Karma (Prange: "... die moralische Gesamtrechnung ..., das kosmische Nullsummenspiel ..."; vgl. dazu S.21 ff.), von kosmischen Relationen und Äußerungen über Zusammenhänge, die sich nur geisteswissenschaftlich begründen.

Was für Prange nicht rationalistisch, materialistisch-empirisch nachvollziehbar oder beweisbar ist, hat für ihn keine Gültigkeit und kann von ihm nicht einmal als Arbeitshypothese gelten gelassen werden. Er bleibt außen vor und urteilt nicht aus dem Sich-Hineinversetzen in die komplexe Gesamtheit des Gegenstandes seiner Kritik. Dabei entwickelt er ein Gespür für Zitate, die, aus dem Zusammenhang eines Vortrages von Rudolf Steiner oder einer anderen Darstellung gerissen, Menschen, denen solche Dinge und Gedanken fremd und unbekannt sind, unangenehm bis irrsinnig erscheinen können: die zum Fliegen genutzte Keimkraft von Pflanzensamen durch die Atlantier (vgl. S.58 ff.); die als real einbezogene Existenz der vier Wesensglieder des Menschen, wie zum Beispiel Bildekräfte-(Äther-)leib und Astralleib, in die Waldorfpädagogik (S.85); der Zahnwechsel als Zeitraum von Veränderungen im Werden eines Kindes (S.88); oder das Vorhandensein von mikro- und makrokosmischen Gegebenheiten und geistigen Wesenheiten.

Prange geht hauptsächlich so vor: Am Anfang eines jeweiligen Kapitels steht eine relativ sachliche Darstellung des Behandelten aus ihren Quellen, oft mit einer Würdigung von Teilaspekten der Waldorfpädagogik oder der Verdienste Rudolf Steiners (S.73). Dann wird das Vorhergegangene kommentiert, mit einem polemischen Mantel umhüllt, um am Schluß als ganz unmöglich, spinnert oder gefährlich gewertet zu werden - immer durchzogen von Zitaten, die für Prange schon als Dokumente des Unmöglichen, Unnachvollziehbaren für sich sprechen.

Einige Male rutscht er von der Möglichkeitsform (würde, könnte, sei) in die Wirklichkeitsform (ist) und seine Gegnerschaft wird unklar, eine eigene Aussage Pranges wird unbemerkbar. Einige seiner Kapitel enden mit einer Rekapitulation, die durchaus gelungen erscheint und von den von ihm Kritisierten (ein Paradoxon) als gekonnt übernommen werden könnte. Das liegt jedoch weniger an Pranges Sachlichkeit als an seiner Unfähigkeit, Geistiges zu denken, geisteswissenschaftliche Erkenntnisse und Denkungsart wirklich nachzuvollziehen und zu beurteilen. Somit bleibt bei Prange der eigene Anspruch der Waldorfpädagogik, wie auch der Anthroposophie, vehementester Kritikpunkt, und dieser Anspruch scheint ihm durch die eigene Unmöglichkeit klar genug ad absurdum geführt. Der dritte Abschnitt des zweiten Kapitels endet zum Beispiel, nach etlicher Polemik und zynischen Redewendungen, wie folgt:

"Für den Waldorflehrer kommt es darauf an, ... sich in den richtigen Blick einzuüben, das zweite Auge für die übersinnlichen Welten zu gewinnen, aus dem das Kind in diese Welt ausgewandert ist, sonst sieht er nur, was auch Mediziner und Physiologen sehen. Er bleibt dann in der geläufigen, an Dingen und Stoffen orientierten Vorstellungsart und verkennt die karmischen Ursachen, die sich in den körperlichen Symptomen ausdrücken. Deshalb ist die Anthroposophie auch nach Steiner nichts Allgemeines, keine allgemeine Psychologie und Anthropologie, sondern eine Praxis am Leitfaden erlebter Zusammenhänge, die jedem besonderen Schicksal gerecht werden kann."

Das Künstlerische am Unterricht der Waldorfschule, das spielende, bildhafte Lernen durch Nachahmen am Beginn der Schulzeit lehnt Prange ebenso ab (vgl. S.85 und S.134 ff.) wie die methodischen und didaktischen Impulse der Waldorfpädagogik insgesamt. Bei der Beurteilung gerät ihm einiges durcheinander (vgl. S.108 ff.). Prange will eben intellektuell-"entscheidende" Kinder, lehnt die Autorität des Lehrers ab, und er kann und will ein Kind nicht "wesensmäßig" erfassen, sondern es rational beurteilen (S.120 f.).

Eine Behauptung durchzieht sein ganzes Buch: Die angebliche Abhängigkeit der Waldorfpädagogik Steiners von reformpädagogischen Impulsen seiner Zeit, besonders vom Herbartianismus, eine von J. F. Herbart zu Beginn des 19. Jahrhunderts begründete psychologisch-pädagogische Richtung, die im Laufe der Zeit an Bedeutung verlor und von anderen Ansätzen überholt wurde. Von Herbart habe Steiner, laut Prange, auch vieles an "Metaphysik" übernommen. Sachlich bringt Prange sehr wenig über Herbart, dessen Metaphysik und andere reformpädagogische Ansätze vor Steiner. Leider finden diese in anthroposophischen Darstellungen auch zu wenig Berücksichtigung.

Rudolf Steiner, der entgegen der Behauptung Pranges sehr gebildet und informiert war, und in Schriften und Vorträgen oft auf verschiedene Denkansätze und Auffassungen einging, sagte am 04.10.1922 in Stuttgart folgendes (Pädagogischer Jugendkurs; GA 217, S.30 f., Ausgabe 1953):

"Wie wenig wird eigentlich verstanden, was aus dem Leben heraus gesprochen wird über die Begründung der Waldorfschule! Die Leute hören zumeist etwas ganz anderes über die Waldorfschule, als was sie hören sollten. Sie hören nur, daß man zu ihnen so redet, wie man vor Jahrzehnten auch schon geredet hat. Sie können ja die Worte, die man heute über die Waldorfschule redet, in Büchern nachschlagen. Sie finden alle diese Worte schon in den Büchern von früher. Und wenn einer andere Worte gebrauchen wollte oder nicht einmal andere Worte, sondern nur andere Satzfügungen, so sagen die Leute, es sei eine schlechte Sprache. Sie haben keine Ahnung von dem, was jetzt geschehen muß, wo die Menschheit, die noch Seele im Leib hat, dem Nichts gegenübersteht.

Was über Waldorfschulpädagogik gesprochen wird, muß man mit anderen Ohren anhören, als was man sonst über Erziehung hört, auch über Reform-Erziehung. Denn auf die Fragen, die die Menschen jetzt beantwortet haben wollen und die in den anderen Erziehungssystemen gestellt und scheinbar beantwortet werden, gibt die Waldorfschulpädagogik überhaupt keine Antwort! Worauf zielen diese Fragen? Gewöhnlich auf recht viel Vernunft, und Vernunft hat die Gegenwart unermeßlich viel. Vernunft, Intellekt und Gescheitheit sind ganz ungeheuer verbreitete Artikel in der Gegenwart! Fragen wie die: Was man aus dem Kinde machen soll? Wie man das oder jenes ins Kind hineinbringen soll? - werden furchtbar vernünftig beantwortet. Und das läuft alles darauf hinaus: Was gefällt einem am Kinde und wie kriegt man es zurecht, daß es so wird, wie man es haben möchte? Aber das hat für

82 - FLENSBURGER HEFTE

den tieferen Entwicklungsgang der Menschheit keine Bedeutung mehr! Auf solche Fragen gibt die Waldorfschulpädagogik überhaupt keine Antwort. Wenn man zunächst bildlich charakterisieren will, wie die Waldorfschulpädagogik spricht, so muß man sagen, daß sie ganz anders spricht, als man sonst in bezug auf Erziehung zu sprechen pflegt. Die Waldorfschulpädagogik ist überhaupt kein pädagogisches System, sondern eine Kunst, um dasjenige, was da ist im Menschen aufzuwecken. Im Grunde genommen will die Waldorfschulpädagogik gar nicht erziehen, sondern aufwecken."

Hier wird auch deutlich, daß die von Prange unterstellte "absolute Erziehung" (Kapitel 8) nicht stattfindet bzw. nicht stattfinden darf.

Den Inhalten der Anthroposophie kann sich Prange - wie gesagt - nicht nähern, somit versucht er sie und Rudolf Steiner in Nebensätzen lächerlich zu machen:

"Steiner ..., der Erfinder der Anthroposophie (S.6); Steiner ... als Ikone auf der Höhe seiner erzieherischen Macht (S.30); Steiner ..., der Schwamm, der alles, was ihm ins Blickfeld kommt, aufsaugt und wieder abgibt (S.37); ... die theosophische Wende als Folge seiner Hungerphantasien (S.38); ... sein Gurusystem der Erziehung (S.95); ... mit einer Walt-Disney-Show der höheren Welt" (S.110); usw. usf.

Auch Prange benutzt bestehende Mißstände oder Abgehobenheiten in anthroposophischen bzw. Waldorf-Kreisen zum Pauschalurteil gegen die Sache, in die er sich mangelhaften Einblick verschafft hat. Die Quantität der von ihm benutzten Bücher sagt nichts über die Qualität seiner Auseinandersetzung aus: ihm Unbequemes überliest er oder läßt es in der Darstellung aus:

"Es ist kein Zweifel, daß die besitzergreifende Liebe durch intellektuelle Zumutungen abgestützt wird, die sich von allem emanzipieren, was man wirklich wissen und wovon man wissen kann, das es nicht zu wissen ist. Eine Schule, die für jedermann zumutbar sein soll, kann solche Umschlossenheit im Weltbild der Anthroposophie nicht übernehmen; sie würde doktrinär, eine Bekenntnisschule neuer Art. Es mag die Erziehungsaufgabe erschweren und belasten, daß es fertige Antworten für alles und jedes nicht gibt; aber sie wird zugleich ehrlicher und realistischer, wenn sie mit Brüchen und Differenzen, mit dem Stückwerkcharakter des Lebens rechnet. Die Enthaltsamkeit von definitiven Bestimmungen und Zuschreibungen dürfte der Freiheit der einzelnen besser dienen als der angestrengte Versuch, der Selbsterziehung der Erzieher zuliebe das 'sacrificium intellectus' zu bringen, und die absolute Erziehung zur Norm für alle zu machen. Insofern ist die öffentliche Schule gerade wegen ihrer Unzulänglichkeiten und verbesserungsfähigen Maßregeln eher der Ort, das Leben kennenzulernen, als eine Einrichtung, die mit allem schon fertig ist, wenn sie beginnt. Aber diese Überlegung kann keinem verwehren, wenigstens in der Schule das Vergangene als reale Gegenwart und bleibende Zukunft zu präsentieren. So gesehen sind die Aussichten der Waldorfschule nicht schlecht, und die kritische Reflexion kann nur hoffen, daß gelegentlich die Hand klüger ist als der Kopf und auch die Waldorfschule gegen Plan und Absicht, trotz karmischer Menschenkenntnis und kosmischer Gewißheiten die Menschen lehrt, das Unzulängliche auszuhalten, das Unverstandene fragend aufzunehmen und sich selbst als offene Bestimmbarkeit, nicht als Lösung zu begreifen."

Mit diesem Abschnitt schließt Prange sein Buch. Gemessen an der Fülle von Zitaten, den Polemiken gegen Rudolf Steiner, die Anthroposophie und die Waldorfpädagogik, sind Pranges eigene Aussagen, seine Gegenargumente und Alternativen eher dürftig und bleiben unerkennbar. Eine von ihm vertretene Pädagogik, ein von ihm vertretenes Konzept, wird nicht deutlich entgegengestellt, und ein versteckter Selbstzweifel scheint mir aus seinem Buch erkennbar, trotz aller scheinbaren Sicherheit im Formulieren und im zynischen Redefluß.

Bernd Hansen

EINE "PSYCHO-STUDIE" VON FRITZ BECKMANNSHAGEN[*]

Neben der stetig anwachsenden Literatur, die die Waldorfschulen und die Grundlagen ihrer Pädagogik umfassend darstellt, erschienen in den letzten Jahren auch verschiedene Veröffentlichungen einer ausgesprochenen Gegnerschaft. Dazu gehört das vorliegende Buch. Erstmals erschienen im Jahr 1984 war es innerhalb weniger Monate vergriffen und lag 1985 bereits in 2. Auflage vor. Leider ist dem Impressum nicht zu entnehmen, wie groß die bereits verkaufte Stückzahl war, doch offensichtlich stieß es auf Interesse, und so formt es mit an dem Bild, das in der Öffentlichkeit über die Waldorfschulen entsteht. Grund genug, sich einmal näher damit zu befassen.

Erklärtermaßen will der Autor nicht nur "kurz die ja meist bekannte Eigenart der Waldorfschulen" umreißen, sondern auch "ihre meist verschwiegenen, negativen Aspekte deutlich" (Vorwort) ausdrücken. Als Beurteilungsgrundlage dient ihm dazu seine zwölfjährige Arbeit als Diplom-Psychologe an einer schulpsychologischen Beratungsstelle, wo er - wie er meint und behauptet - "zwangsläufig" (S.39) am häufigsten mit Eltern von Waldorf-Schulkindern zu tun gehabt habe. Dadurch habe er sich angeregt gesehen, "in die psychische Verfassung der Waldorfangehörigen" einzudringen "und das anthroposophische Umfeld samt Literatur" (Vorwort) zu studieren.

---

[*]Fritz Beckmannshagen: Rudolf Steiner und die Waldorfschulen. Eine psychologisch-kritische Studie. Paul-Hans Sievers Verlagsgesellschaft mbH, Wuppertal, 127 Seiten, DM 16,80.

Beckmannshagen wird vom Schreiber des Vorwortes zur 2. Auflage (nur mit M.B. gekennzeichnet - seine Frau?) als "Kenner Rudolf Steiners und der Waldorfschulen" beschrieben. Doch läßt den Leser spätestens ein beiläufig eingefügter Nebensatz auf Seite 36 aufhorchen, aus dem deutlich wird, daß der Autor "selbst einmal an einer Waldorfschule gearbeitet hatte". Liegt ein Grund vor, Ort und Dauer zu verschweigen? Entspringen die Motive seiner Gegnerschaft vielleicht dieser Zeit?

Im Verlauf der Lektüre verstärkten sich meine Fragen in dieser Richtung, denn den Stil einer Studie, wie es der Untertitel erwarten läßt, trägt dieses "Vermächtnis" (M.B.) Beckmannshagens nicht. Vielmehr fallen die Formulierungen immer wieder ins Polemische, so als vertraue er nicht darauf, die dargestellten Inhalte könnten für sich selbst sprechen. Damit der bisher womöglich noch in naiver Irrtümlichkeit den Waldorfschulen wohlwollende Leser endlich die kritischen Punkte wirklich wahrnehmen möge, betonen zusätzliche Ausrufungszeichen inmitten eines Satzes - auch in Zitaten - oder an Satzenden, daß man doch endlich aus seinem gutgläubigen Traum aufwachen möge.

Vertraut man darauf, daß die von Beckmannshagen angeführten Beispiele auf Tatsachen beruhen, enthalten sie zum Teil Bedenkenswertes, das sich nicht allein durch den Hinweis auf die fragwürdige Darstellungsweise vom Tisch wischen läßt. Schauen wir doch einmal in den vorgehaltenen Zerr-Spiegel.

Was dem Autor am häufigsten begegnete, sei "die unbegreifliche Angst der Eltern vor der Schule" (S.37). Rätselhaft sei ihm dies zunächst erschienen, da das Konzept eine humane Schule verspräche. Doch in der Realität hätten für ihn "die Waldorfschulen seit Steiners Tod in jahrzehntelanger Kleinarbeit eine hauseigene Inhumanität entwickelt" (S.13); dies sowohl gegenüber den Schülern und vor allem den Eltern als auch unter den Lehrern.

Alles sei "Schwindel" und "so geschickt als Original-Menschenliebe getarnt, daß man an ihm jahrelang vorbeigehen kann, ohne die Fälschung zu erkennen" (S.12). Auch wenn Beckmannshagen meint, "daß der Kreis derer, die in der Waldorfbewegung bewußt schwindeln, klein" (S.12) sei, behütet sie diese Ehrenrettung nicht vor dem Vorwurf der "tragischen, aber darum für die Außenwelt nicht weniger unangenehmen Selbsttäuschung" (S.12), aufgrund derer sie dann "unnahbar hochmütig" (S.9) oder "dünkelhaft und anmaßend" erschienen und auftreten, als hätten sie "alle humanen Tugenden gepachtet" (S.37).

In den dargestellten Fällen scheint es tatsächlich nicht gelungen zu sein, eine gemeinsame Gesprächsbasis herzustellen und den Eltern pädagogische Begründungen, von zum Beispiel eventuellen Verboten gegenüber den Kindern, verständlich zu machen. So werden sie von den Betroffenen nur als reiner Verlust empfunden, und bei Überschreitungen entstehen Schuldgefühle, die laut Beckmannshagen sogar suggeriert würden. Die Folge sind Heimlichkeiten, das Vertrauensverhältnis, Grundlage einer fruchtbaren Zusammenarbeit, ist gestört. Er umreißt "einen etwa fünfphasigen Erfahrungsablauf" (S.39) mit der Schule:

Erste Phase: Anmeldung, "entzückte" Eltern, "großes Gesäusel" von den Lehrern.
Zweite Phase: Gebot und Verbot. "Die Eltern ... erfahren auf Elternabenden zum ersten Mal, was sie bisher alles falsch gemacht haben". "Kein! ... Kein! ... Kein!".
Dritte Phase: "Hausbesuche durch den Klassenlehrer, die sich offenbar zum Alptraum für ganze Familien auswachsen können, weil sie zunehmend als gewaltsamer Einbruch in die Privatsphäre empfunden werden" (S.40).
Vierte Phase: Nachkontrolle, indem die Lehrer die Kinder in der Schule über zu Hause erzählen lassen; in "hartnäckigen" Fällen Konferenzgespräch, erneuter Hausbesuch.
Fünfte Phase: "Konfrontation ... Telefonate ... Sitzungen ... Den Eltern wird klargemacht, daß sie ungeeignet sind, ihr Kind zu erziehen ... Ultimo ratio: Lösung des Schulvertrages" (S.41).

Es wäre traurig, wenn sich diese Art von Begegnungen mit einer Waldorfschule bestätigen sollten. Offen bleibt, ob es sich dabei tatsächlich nur um Schwächen auf seiten der Lehrer handelt. Aufgrund der Aufgabe seiner Dienststelle läßt sich eine starke Einseitigkeit in den Wahrnehmungen des Autors vermuten. Solche Fälle sind bedauerlich. "Wesentliches vom Geist der Waldorfschule" (S.39) trifft eine solche Typisierung allerdings nicht, zumal hier auch die Sprache zeigt, wie sehr die Darstellung durch die Emotionen des Autors gefärbt ist.

Den "psychischen Alltag" der Schüler beschreibt Beckmannshagen als Leidensweg unter dem "Moralisieren ihrer Lehrer" (S.43), deren Liebe angeblich "immer von Bedingungen abhängig gemacht" (S.44) werde. Er sieht an Waldorfkindern "selten die Merkmale einer 'Erziehung zur Freiheit', sondern vielfach die einer Erziehung zur Repression, zur Spaltung, zu schlechtem Gewissen und dauernden Schuldgefühlen, also zur Dissoziation" (ebd.). Dies hat sich mit Sicherheit kein Pädagoge zum Ziel gesetzt. Ebenso läßt wohl "das Festkleben zappelnder Kleinkinderhände mit Klebeband am Schultisch ..., das Ohrenverdrehen, Haareziehen und überhaupt die Wiedereinführung der Prügelstrafe" (S.41 f.) jeden Leser erschrecken. Doch daß dieses übliche Maßnahmen der Waldorfpädagogik seien, wie der Autor glauben machen möchte, entspricht schlichtweg nicht der Wahrheit.

In diesem Zusammenhang stellt er auch die Frage, warum sich Waldorfschulen "freie" Schulen nennen. Hier wird - wie in anderen Themenbereichen - deutlich, daß der "Kenner" trotz umfangreicher Studien den Ursprung dieses Begriffs nicht verstanden hat. In der Tat beinhaltet er nicht eine antiautoritäre Erziehung, sondern besagt, daß die Inhalte der Waldorfpädagogik und die Sozialstruktur der Waldorfschulen sich nicht an wirtschaftlichen und staatlichen Interessen orientieren - die Abgangsprüfungen stellen Kompromisse dar. Doch in einer gegebenenfalls wohlwollenden Haltung der Kultusbehörden der Waldorfschule gegenüber sieht der Autor an den entsprechenden Stellen "Okkultusministerien" (S.29) wirksam.

Waldorfschulen haben keinen Rektor. Sie werden - neben der Elternmitarbeit - durch kollegiale Selbstverwaltung gestaltet, d.h. in der Konferenz sind alle Lehrer gleichberechtigt, und bei zur Entscheidung anstehenden Fragen wird nicht abgestimmt, sondern so lange miteinander verhandelt, bis alle Kollegen dem Ergebnis in Einmütigkeit zustimmen können. Hier nun meint Beckmannshagen ein wahres "Eitergeschwür" (S.45) entdeckt zu haben: "Das Krankheitsbild ist immer das gleiche: hierarchische Machtspiele grobschlächtigster Art. Getarnt allerdings ... durch eine kleinbürgerliche Wohlanständigkeit und zuweilen Verklärtheit" (S.47). "Jede Waldorfschule wird von einer kleinen Gruppe von etwa drei bis fünf Lehrern, in der meist eine Persönlichkeit dominiert, beherrscht" (S.46). Diese "Führungsgruppe" (ebd.) läßt die wöchentlichen Konferenzen zu einer "all-donnerstäglichen Veralberung" (S.114) werden, denn "alle Beschlüsse liegen bereits vor Konferenzbeginn fest. Jeder, der anders denkt, wird vom Führungskollektiv mühelos ausgetrickst" (S.46).

Ursache der Diskrepanz zwischen Wunschbild und Realität sieht der Autor wieder in der seelischen Verfassung der Lehrer. Alle Kollegen unterliegen angeblich einer Form von "Ichinflation" (S.107), wobei sich das Ich mit einer Scheinpersönlichkeit verwechselt, indem Schattenseiten verdrängt werden. Doch es wird differenziert:

"Der meines Erachtens angenehmste Typus ist noch der wirkliche 'Kopfmensch', der ausschließlich von geborgtem Wissen lebt. Er ist doktrinär wie alle, aber kenntnisreich, unterhaltsam und hat - da Wissen auch Steiners Stärke war - wirklich profitiert. Er leitet Kurse, versteht Einwände zu verarbeiten, Argumente zurechtzubiegen und - was wesentlich ist - kann seinen unbelesenen Brüdern und Schwestern die Eigenlektüre Steiners ersparen.
Der unerfreulichste Typus ist zweifellos der 'Willenstyp', der Steiners Wertsetzung erborgt und sich mit ihr identifiziert hat. Er muß deshalb stärker als alle anderen seinen eigenen Schatten verdrängen. Er entwickelt darum nicht selten bigotte und sadistische Züge von Selbstgerechtigkeit. Er ist ein Tugendprediger und rechtes Ekel der Menschheit. (...)
Typisch anthroposophisch scheint mir die dritte Form der Ichinflation zu sein, die gefühlshafte Identifizierung mit Steiner selbst oder auch mit dem Geist der Lehre als ganzem. Weder unbedingt belesen noch unbedingt tugendhaft befinden sich diese, meist weiblichen, Seelen in einer Art Dauerhöhenflug" (S.108).

Neben diesen drei Typen "des Schriftgelehrten, des selbstgerechten Pharisäers und des Hohepriesters in neuer Auflage" (ebd.) meint er in den Kollegien auch den "vierten Prototyp" (S.109), den des verachteten Zöllners entdeckt zu haben. Diese Kollegen stünden "ganz im 'Schatten' ihrer aufgeblähten Brüder und Schwestern. Sie haben weder das Wissen der einen, noch die 'Tugenden' der anderen und am allerwenigsten das Selbstwertgefühl der dritten Gruppe erreicht. Unter dem Eindruck von soviel kollegialer Pracht leiden sie ... an einer 'Ichdeflation'" (ebd.). Da sie ihre Schatten anerkennten, gesteht der Autor ihnen "nach Jesu Urteil alle Chancen" (ebd.) zu. Folgt man seinem Gedankengang, so verfallen die übrigen Kollegen der "Sündenbockpsychologie" (S.109). Sie glauben, ihre verdrängten Schattenseiten an "einem Mitmenschen zu entdecken und bekämpfen zu müssen. Dieser muß dann ... als 'Sündenbock' für die eigenen 'Sünden' herhalten" (S.110).

So besehen ein nachdenklich stimmendes und erschütterndes Bild. Doch wer in einen Bereich nicht hineinsehen kann, legt oft auch mehr hinein als tatsächlich darinnen sein muß. So geht in bezug auf die Kollegiumsarbeit eine Frage an den Autor zurück: Wo sind ihm außerdem Menschenzusammenhänge begegnet, in denen keine hierarchische Ordnung oder deutliche Aufgabenverteilung vorgegeben ist? Selbstverwaltung kann ohne Aufgabenverteilung nicht auskommen, jedoch ist diese in einem Waldorfschulkollegium nicht vorgegeben, sondern muß von Zeit zu Zeit neu vorgenommen werden. Daher ist die Selbstverwaltung sicher ein Bereich des Miteinanders, der nicht auf Anhieb gekonnt wird, sondern immer wieder erübt werden muß und sicherlich noch oft unter menschlichen Schwächen leidet.

Beckmannshagens Fazit über die Waldorflehrer lautet:

"Solche Leute ... sind - psychohygienisch gesehen - kinder- und jugendgefährdend!" (S.112). "Obgleich die Waldorfschule dem Anschein nach ein humaneres Bildungskonzept als unsere Erziehungswissenschaft besitzt, ist doch die statistische Wahrscheinlichkeit, daß mein Kind in der öffentlichen Schule auf einen normal empfindenden, warmherzigen, selbstkritischen, gesprächsbereiten und damit insgesamt humaneren Lehrer trifft, um ein vielfaches größer als an jeder Waldorfschule" (S.13).

Angesichts einer derartigen Häufung von negativen Urteilen mag es jedem Waldorflehrer schwerfallen, ruhig auf dem Stuhl sitzen zu bleiben. Doch ist wirklich alles von diesem Erscheinungsbild, sei es auch noch so klischeehaft und boshaft überzeichnet, zurückzuweisen?

Nun habe ich bisher das wiedergegeben, was aus der Sicht des Autors das äußere Erscheinungsbild der Waldorfschulen ausmacht. Außerdem versucht er zu Beginn seiner Schrift, die Begründungen dieser Pädagogik darzustellen, und im zweiten Teil widmet er zwei Kapitel der Persönlichkeit Steiners, weil er dadurch das "seltsame seelische Spannungsfeld an und in diesen sonst so gepriesenen Schulen" (Vorwort) zu erkennen meint. Doch seine ausführlichen "psychologischen" Begründungen können nicht darüber hinwegtäuschen, daß er wesentliche Passagen aus dem Werk Steiners, die er zwar richtig zitiert, in ihrem Zusammenhang nicht richtig verstanden hat. Auf alle Einzelheiten einzugehen, würde ein Buch des doppelten Umfangs erfordern.

Die Begründung der Pädagogik sieht er gedrängt in die Temperamentenlehre und die Entwicklung des Menschen in Siebenjahresrhythmen. "Viel mehr kommt nicht!" (S.29). Er verweist auf die kurze (allerdings sehr intensive) Einführungszeit der Gründungslehrer 1919 von zwei Wochen und "steht verblüfft vor diesem kargen Modell und fragt sich vergeblich, wie ein renommiertes Schulsystem seit über sechzig Jahren, unbekümmert um den Fortschritt der Wissenschaft, danach arbeiten kann. Möglicherweise liegt gerade in der Anspruchslosigkeit des 'Gerätes' seine Durchschlagskraft; dieses kann schließlich jeder begreifen und handhaben, auch ohne pädagogische Examen" (S.29). Ja, wenn es so einfach wäre, was treiben dann die zukünftigen Waldorflehrer zwei bis vier Jahre an den Ausbildungsstätten?

Der Person Steiners steht der Autor zwiespältig gegenüber. "Ich glaube genügend versichert zu haben, daß ich von der Größe der Persönlichkeit Steiners tief überzeugt bin. Er war von überwältigender Größe! Aber darin liegt zugleich seine Tragik" (S.90). Einerseits wird die "Überfülle exoterischer Aktivitäten" (S.62) angemerkt, andererseits eine grüblerische Weltfremdheit, vor allem des jungen Steiners. Entgegen seinen Anhängern habe er es nicht nötig gehabt, zu verdrängen und eine Scheinpersönlichkeit aufzubauen, denn sein Leben war "von einer Makellosigkeit, die schon wieder befremdet" (S.88), und "das Merkwürdigste ist: Man glaubt es ihm" (S.89). Da offensichtlich nicht sein kann, was nicht sein darf, wird nun psychologisiert, und tatsächlich stößt der Autor "deutlich an Steiners Erlebnisgrenze" (S.76) und entdeckt eine "Lücke in seiner Erlebnisfähigkeit" (S.84). Festgemacht wird diese Entdeckung daran, daß Steiner seine Seelenimpulse rationalisiere und die Neigung habe, "das Wort 'Gefühl' mit herabsetzenden Wörtern wie 'unbestimmt', 'bloß', 'dunkel', 'mystisch' u.ä. zu versehen" (S.74) und ihm "nur die Helle des Traumbewußtseins" (ebd.) zuzugestehen. Sicher, wenn man seinen "Schatten" nicht nur anerkennt, sondern sogar liebt, weil er erst das Menschliche ausmache, mag es schwerfallen, in diesen Begriffen eine Einordnung und keine Wertung zu sehen.

Das Glücksempfinden des reinen Denkens ohne Eindrücke der äußeren Sinne, das Steiner in seinem "Lebensgang" in bezug auf die jugendlich eroberte Geometrie beschreibt, vermag der Autor gar nicht nachzuempfinden. Er sieht darin lediglich eine "Kopflastigkeit" und "schon früh eingeschränkte Rezeptivität" (S.81). Die Möglichkeit einer "reinen Erfahrung"[1] lehnt er rundweg ab, da für ihn Wahrnehmungen "*vor* aller begrifflichen Bearbeitung schon erlebbaren Sinn, Ausdruck und Bedeutung haben" (S.81). Dagegenzustellen ist - wenn man es nicht selbst nachvollziehen kann - das Erlebnis Kaspar Hausers: als er nach jahrelanger Gefangenschaft im dunklen Verließ zum ersten Mal die Landschaft sah, wollte er nach den ihn umgebenden Farbflecken greifen. Für ihn standen sie zunächst tatsächlich beziehungslos nebeneinander und waren eben *nicht vorher* Baum, Haus oder Himmel.[2]

Welche Rolle der Begriff der "reinen Erfahrung" in der erkenntnistheoretischen Grundlegung der Anthroposophie spielt, ist dem Autor nicht zugänglich. Auch Beckmannshagen läßt somit eine ernstzunehmende Auseinandersetzung mit dem Wesentlichsten im Werk Steiners, nämlich der Grundlegung eines Erkenntnisweges, vermissen. Hier stoßen wir also auf Erlebnis- und Erkenntnisgrenzen des Autors. Er pauschalisiert emotionsgeladen seine einseitigen Erfahrungen, da er sie erkenntnisgerecht nicht durchdringen kann. Die Analyse des "Bewußtseinskrampfes" könnte sich umkehren. Stattdessen möchte ich zur weiteren Gedankenbildung auf die Rezension zum selben Buch von Stefan Leber[3] hinweisen und mit ihrem Titel diese Betrachtungen schließen: "Ein kritischer Psychologe schlägt sich selbst."

Eva Schrader

Anmerkungen:
1) Vgl. Rudolf Steiner: Grundlinien einer Erkenntnistheorie der Goetheschen Weltanschauung; GA 2.
2) Vgl. Karl Heyer: Kaspar Hauser und das Schicksal Mitteleuropas im 19. Jahrhundert; Stuttgart 1983, S.51.
3) Stefan Leber: Ein kritischer Psychologe schlägt sich selbst. In: Erziehungskunst, 1/85, S.52 ff.

CHRISTENTUM, ANTHROPOSOPHIE, WALDORFSCHULE
Waldorfpädagogik im Umfeld konfessioneller Kritik
Schriftenreihe: Erziehung vor dem Forum der Zeit. Mit Beiträgen verschiedener Autoren. Verlag Freies Geistesleben, Stuttgart 1987. 118 Seiten, kart., DM 10.-

Schon kurze Zeit nach der Gründung der ersten Waldorfschule im Jahre 1919 begannen Vertreter der Kirchen, sie mit zum Teil sehr heftiger Kritik zu überziehen. Die Kritik richtete sich auf die Anthroposophie, aus der die Waldorfpädagogik erwachsen ist.

Als mit dem Verbot während des Nationalsozialismus die Waldorfschulbewegung in ihrer Ausbreitung gehindert war, verstummte auch die konfessionell gebundene Kritik vorübergehend; sie erwachte erst wieder, als sich seit den siebziger Jahren immer neue Elterninitiativen bildeten, die eine Waldorfschule für ihre Kinder ins Leben rufen wollten.

Kern der alten wie der neuerwachten Kritik an den Waldorfschulen ist die Behauptung, die Anthroposophie sei eine "Lehre", die dem christlichen Glauben in entscheidenden Punkten zuwiderlaufe. Eine Pädagogik, die auf einer solchen unchristlichen Lehre basiere, müsse zwangsläufig einen Einfluß auf die Kinder ausüben, der den "naiven" Erwartungen, die die Eltern in die Schule setzten, entgegenwirke.

Gegenwärtig wird, insbesondere von der evangelischen Kirche, mit einem gewissen Nachdruck "Aufklärung" in der Öffentlichkeit betrieben, um Eltern vor den Waldorfschulen zu warnen. Dabei bleiben die Antworten, die Vertreter der Waldorfschulen schon während der ersten Gründungsphase auf die vorgebrachte Kritik gaben, leider unberücksichtigt. Der Umstand, daß die Kritik sich immer wieder auf die gleichen Wesensmerkmale der Anthroposophie und der aus ihr hervorgegangenen Pädagogik bezieht, war nun der Anlaß zu diesem Buch, dessen Autoren sich zum Ziel gesetzt haben, die strittigen Fragen nicht in der Auseinandersetzung mit einzelnen Veröffentlichungen, sondern in

Gestalt einer positiven Darstellung des Verhältnisses von Christentum, Anthroposophie und Waldorfschule zu behandeln.

Nach einer Einleitung von Stefan Leber, in der ein knapper Überblick über das Verhältnis der Kirchen zu der anthroposophischen Bewegung gegeben wird, folgt eine Reihe von Aufsätzen, die sich den von der Kritik berührten Themen widmen.

Zunächst entwickelt Hans-Werner Schroeder in seinem Beitrag entlang der Frage "Was heißt christlich?" einen nicht konfessionell gebundenen Begriff des Christentums, der einen Weg zu dessen lebendigem Quell weisen will. Von dort aus führt er seine Betrachtung zu der Frage, was eine Erziehung zu einer eigentlich christlichen werden läßt.

Michael Debus schließt in seinem Beitrag an den so gewonnenen "offenen" Begriff des Christentums an, indem er untersucht, ob und inwiefern christliche Religion und Anthroposophie als Offenbarungen zu verstehen sind. Damit berührt er zugleich die Frage nach der Vergleichbarkeit von Konfessionen und Anthroposophie.

Der dritte Aufsatz, von Arnold Suckau, setzt sich mit einigen Mißverständnissen auseinander, denen die Anthroposophie immer wieder ausgesetzt war. Helmut Haug greift in seinem Beitrag, "Die Legende von der Selbsterlösung", eines der zentralen Fehlurteile der evangelischen Kirche über das Wesen des anthroposophischen Schulungsweges noch einmal auf. Dabei geht er insbesondere auch auf den Begriff der Gnade ein, wie er sich innerhalb der Kirche und wie bei Rudolf Steiner ausnimmt.

Auf der so geschaffenen Grundlage untersucht Stefan Leber in einem längeren Beitrag die Frage, ob die Waldorfschule eine Weltanschauungsschule sei. Damit leitet er zugleich in den Teil des Buches über, der sich nun insbesondere mit der Ausgestaltung der Waldorfpädagogik befaßt. Zunächst den Begriff der "Weltanschauung" in seiner geschichtlichen und ontologischen Bedeutung entwickelnd, leitet Leber über zu der Beschreibung der Schulstruktur und der Aufgabe, welche die Anthroposophie in dieser innehat. Einem methodischen Exkurs in den Biologieunterricht läßt er eine soziologische Untersuchung über den "weltanschaulichen Werdegang" der Waldorfschüler folgen.

Dem Religionsunterricht an den Waldorfschulen ist der Beitrag Helmut von Kügelgens gewidmet. Dabei konzentriert er sich, nach einigen grundsätzlichen Überlegungen, auf den "freien christlichen" Unterricht, weil nur dieser von Mitgliedern des Schulkollegiums erteilt wird. (Der konfessionelle Unterricht wird von Vertretern der Konfessionen selbst erteilt.)

Den Schluß des Buches bildet schließlich ein längerer Aufsatz von Wolfgang Schad, der das Verhältnis von Christentum und Naturwissenschaft untersucht. Faßt man ins Auge, daß sich konfessionelle Theologie und Naturwissenschaft im Verlaufe der letzten hundert Jahre in den wesentlichen Fragen nicht haben einigen können, ohne jeweils Grundpositionen aufzugeben, so gewinnt dieser Aufsatz eine besondere Bedeutung. Schad unternimmt nämlich nichts Geringeres als zu zeigen, wie ein Naturverständnis gewonnen werden kann, das die Tatsachen der Naturwissenschaft *und* ein trinitarisches Weltverständnis in sich birgt und damit zu einer Durchgeistigung der Naturwissenschaft führt. Aufgabe der Waldorfschule ist es, den denkenden, fühlenden, wollenden Heranwachsenden zu einer solchen Fähigkeit vorzubereiten. Schad führt beispielhaft vor, wie eine genaue und denkende Naturbetrachtung diese Vorbereitung leisten kann, dabei dogmatische Einseitigkeiten sowohl der materialistischen wie konfessionellen Lehren überwindend. Diesem Aufsatz möchte man wegen seiner grundsätzlichen Bedeutung eine große Verbreitung wünschen!

Behandelt also der erste Teil des Buches die grundsätzlichen Fragen von Christentum und Anthroposophie, widmet sich dessen zweiter Teil hauptsächlich der konkreten Gestaltung der Waldorfpädagogik. Ohne Zweifel liegt hier eine Arbeit vor, die alle wesentlichen Kritikpunkte der Kirchen aufgreift und beantwortet. Die Autoren haben die teilweise sehr komplizierten Verhältnisse offensichtlich in dem Bestreben dargestellt, keine Vorbedingungen an die Kenntnisse der Leser stellen zu müssen und dennoch überschaubar zu beschreiben. Sie mußten dabei allerdings doch *eine* Voraussetzung machen: daß der Leser bereit ist, sich mit großer Unvoreingenommenheit auf die Gedankengänge einzulassen. Es muß bezweifelt werden, daß das Buch einen Kritiker zu überzeugen vermag, der sich darauf versteift hat, an seinem konfessionell geprägten Bild des Christentums als Maßstab für Christlichkeit schlechthin festzuhalten. Dennoch kann es ein Schritt auf dem Weg zu einem konstruktiven Gespräch zwischen Kirchen und Waldorfschulbewegung werden. Vor allem aber ist es eine Hilfe für alle Eltern, die durch die gegenwärtige Kampagne einiger Kirchenvertreter verunsichert sind, zu einem eigenen Urteil zu kommen. Das Buch bietet in komprimierter Form eine Reihe von Urteilsgrundlagen an, an der sich künftig die Qualität einer Kritik bewähren muß.

Henning Kullak-Ublick

Fruchtbare Kritik

EIN BUCH ÜBER DIE PÄDAGOGIK RUDOLF STEINERS
UND WAS DARAUS FOLGT'

Johannes Kiersch

Der Mainzer Erziehungswissenschaftler Heiner Ullrich darf gegenwärtig als einer der besten nichtanthroposophischen Kenner der Waldorfpädagogik gelten. Seine in Fachzeitschriften veröffentlichten Untersuchungen über die Gemeinsamkeiten der pädagogischen Praxis unserer Waldorfschulen mit der zeitgenössischen Reformpädagogik (1982) und über die Temperamentenlehre Rudolf Steiners (1984) ließen hoffen, daß er in einer umfangreichen Darstellung das seit langem fällige Gespräch zwischen akademischer Forschung und Waldorfpädagogik bis in eine fruchtbare Diskussion von Detailfragen hinein ernsthaft in Gang setzen könnte. Das erwartete Werk, eine überarbeitete Dissertation, ist jetzt erschienen (Heiner Ullrich: Waldorfpädagogik und okkulte Weltanschauung. Eine bildungsphilosophische und geistesgeschichtliche Auseinandersetzung mit der Anthropologie Rudolf Steiners. Juventa Verlag, Weinheim und München 1986, 276 Seiten, DM 36,-). Und in der Tat kommt Ullrich damit den Problemen, deren Klärung für die Weiterentwicklung unserer Pädagogik und besonders für die Herstellung eines gedeihlichen Verhältnisses zu ihrer sozialen Umwelt so dringend nötig ist, beträchtlich näher als seine wissenschaftlichen Vorgänger. Man darf feststellen, daß es sich - trotz des unsachlichen Titels - um ein auf weite Strecken solides, materialreiches, in vielen Details anregendes Buch handelt. Mancher Freund der Waldorfpädagogik wird sich durch die Lektüre unangenehm desillusioniert fühlen. Aber im kritischen Abbau von Vorurteilen und sachlich unbegründeten Meinungen wird sich auf die Dauer nur um so deutlicher zeigen, worauf es eigentlich ankommt. Wir brauchen davor keine Angst zu haben. Der rationale Diskurs, den ein im Grunde wohlwollender Betrachter wie Ullrich herausfordert, wird uns auf die Dauer nach innen wie nach außen stärker machen.

Dennoch bringt Ullrichs Untersuchung gerade für diesen Diskurs noch nicht den Durchbruch, auf den wir hoffen müssen: eine ernsthafte Bemühung um die erkenntniswissenschaftlichen Grundlagen der Anthroposophie. Sie wird auch hier noch keineswegs mit der notwendigen Eindringlichkeit geleistet. Auch Ullrich verfällt wieder den unfruchtbaren Vorurteilen und Konstrukten, die bisher das Feld beherrscht haben. Aber er kommt zu wichtigen Randbeobachtungen, die den gemeinten Durchbruch fördern und sichern können. Wenn wir seine noch ganz in der Konvention der bisherigen Steiner-Kritik stehenden wichtigsten Untersuchungsergebnisse im folgenden auf ihre Stichhaltigkeit prüfen und im wesentlichen zurückweisen, wollen wir im Interesse einer Fortführung des Gesprächs auf diese Beobachtungen besonders zu achten und daran weiterzudenken versuchen.

Ullrich kommt zu dem Gesamtergebnis, daß die Pädagogik Rudolf Steiners dem Erziehungsdenken der Gegenwart nichts Wesentliches zu sagen habe, daß "der Glaube, man verdanke Steiner eine theoretisch gültige Grundlegung der Ziele, Inhalte und Methoden der Erziehung, fallengelassen werden muß" (S.7). Im Verlauf der Darstellung vertritt er dann vor allem die alten Thesen, diese Pädagogik sei eklektisch, aus den Resten weitgehend überholter älterer Anschauungen zusammengeborgt, sie sei dogmatisch festgelegt, und sie sei wissenschaftlich nicht haltbar. Diese Feststellungen werden in den nächsten Jahren, mit Verweis auf das imponierende Werk Ullrichs, die wissenschaftliche Szene noch stärker als bisher beherrschen, in Lehr- und Handbücher Eingang finden und bis in die Kultusbehörden und die Organe der öffentlichen Meinungsbildung hinein eine höchst praktische Rolle spielen. Wie werden sie bei Ullrich im einzelnen begründet?

Zum Vorwurf des Eklektizismus

Verdeutlichen wir uns zunächst, warum die Herleitung des einen geistesgeschichtlichen Tatbestandes aus einem ähnlichen älteren für den kritischen Historiker so wichtig ist. Es gibt dafür im wesentlichen zwei Gründe. Wer zeigen kann, wo etwas "herkommt", legitimiert sich als scharfsinniger Kausalanalytiker nach dem Muster der empirischen Naturforschung, dem nach wie vor prestigeträchtigsten Paradigma auch für den Geisteswissenschaftler. Und wer etwas Gegenwärtiges, Lebendiges auf Abgelebtes zurückzuführen vermag, entzieht sich der existentiellen Stellungnahme, die ihm sonst womöglich abgefordert werden könnte. Etwas Aktuelles zu beurteilen ist gefährlich für den wissenschaftlichen Ruf. (Der Hochschullehrer zum Examenskandidaten: "Über Steiner wollen Sie arbeiten? Na, tot ist er ja immerhin schon."). Daher die fortwährende Versuchung für den akademischen Kritiker der Waldorfpädagogik, das Vorgefundene nicht primär aus sich selbst, aus seinem eigenen Entstehungs- und Begründungszusammenhang zu deuten und sich auf das Herausheben derjenigen Merkmale zu beschränken, die von anderswo her bekannt sind. Nun wäre allein dagegen noch nichts einzuwenden. Es ist durchaus fesselnd und informativ, was Ullrich etwa über die vielfältigen Parallelen der Waldorfpädagogik zur zeitgenössischen Reformpädagogik ausbreitet (S.20 ff., S.52 ff.) Ganz offensichtlich hat bisher noch niemand unter den Schülern Rudolf Steiners so deutlich gesehen, in welchem Maße die vielfältigen Strömungen und Stimmungen eines geistigen Aufbruchs und der Suche nach umfassender Erneuerung, die während des ersten Jahrhundertdrittels insbesondere in Deutschland lebten, mit ihren tiefgreifend engagierten Fragen die Antworten der Waldorfpädagogik mit herausforderten und ähnliche Antworten gänzlich unabhängig von ihr auch an anderen Orten aufkommen ließen. Aber damit ist noch keineswegs ein Abhängigkeitsverhältnis nachgewiesen. Der Hund stammt nicht vom Esel ab, weil er vier Beine hat. Oder um es etwas zurückhaltender und genauer mit Wilhelm Dilthey zu sagen: "Große geistige Veränderungen entspringen aus den Bedingungen eines Zeitalters in ganz verschiedenen Köpfen, und es ist eine platte Ansicht, sie durch Übertragung von einer Person auf die andere ableiten zu wollen." (Leben Schleiermachers).

Ullrich kann die immanente Herleitung der waldorfpädagogischen Grundsätze aus der anthroposophischen Menschenkunde nicht ernstnehmen. Deshalb bleibt ihm nur der Schluß, es handle sich dabei um die anthroposophische "Auslegung" von Entdeckungen, die andere besser und zum Teil erheblich früher gemacht haben (S.49 und 74; zur Begründung allgemein S.17 bis 48, speziell am Beispiel der Zeugnisgestaltung S.49 bis 75). "Auslegen" kann man aber nur, was man sich zuvor angeeignet hat. Und den konkreten Nachweis dieser Aneignung bleibt Ullrich auf ganzer Linie schuldig.

Ähnlich verhält es sich mit dem Ergebnis, daß Steiners Anthroposophie als Ganzes "eklektisch" sei. Diese Behauptung ist so alt wie sie unbegründet ist. Sie wird nicht dadurch besser, daß man andere Gelehrte zitiert, die auch nur behauptet und nicht begründet haben und durchweg dem von uns bezweifelten Schlußverfahren zum Opfer gefallen sind. (Vgl. Ullrichs Verweise auf Leisegang, Dessoir, Oppolzer u.a.).

Und dasselbe trifft schließlich auch für den exemplarisch ausgewählten Themenbereich der anthroposophischen Temperamentenlehre zu, mit dem Ullrich sich so besondere Mühe gegeben hat (vgl. die Sammelrezension des Verf., 1984)[1]. Auch hier gilt unter anthroposophischem Gesichtspunkt die Gegenthese: Ullrich hat Gemeinsamkeiten nachgewiesen, in diesem Fall mit einer überaus reichen geistesgeschichtlichen Tradition, aber daraus folgt keineswegs zwingend ein Verhältnis der Abhängigkeit oder der "Auslegung". Die Eklektizismus-These bleibt nach wie vor eine bloße Vermutung. Sie ist kein wissenschaftlich gesichertes Forschungsergebnis.

Zum Vorwurf der dogmatischen Festgelegtheit

Warum macht Anthroposophie heute auf so viele, auch auf unbefangene Menschen den Eindruck, dogmatisch bis in alle Einzelheiten des Wissens und des Verhaltens festgelegt zu sein? Die Antwort auf diese für die Waldorfpädagogik lebenswichtige Frage ist deshalb so schwer, weil sie sich bei genauerer Betrachtung in ein ganzes Bündel durchaus unterschiedlicher Erklärungsmöglichkeiten auflöst. Bestimmend mag zunächst der persönliche Umgang mit Anthroposophen sein. Die eindrucksvolle, so vieles umfassende Lehre Rudolf Steiners will Antwort nicht nur auf Wissens-, sondern auch und vor allem auf Lebensfragen geben. Sie zieht deshalb viele in ihren Kreis, denen an existentieller Sicherheit mehr gelegen ist als an Wissenschaftlichkeit und dauernd gefährdeter Wahrheit. Solche Menschen, für die vielfach anthroposophische Einsichten lebensrettend waren, machen sich aus dem weitläufigen Werk Rudolf Steiners ein privates Lehrgebäude zurecht, das sie mit Eifer vertreten und verteidigen. Jede Waldorfschule, jeder anthroposophische "Zweig" hat den einen oder anderen Dogmatiker dieser Art geduldig zu ertragen. Innerhalb des engeren Kreises kann man ganz gut mit solchen Randerscheinungen leben. Nach "außen" können sie fatale Mißverständnisse und überaus einseitige Bilder von einer zwingenden Geschlossenheit des anthroposophischen Erkennens und Handelns hervorrufen, die in den wirklichen Verhältnissen nirgendwo begründet sind. Auch ein verhältnismäßig unbefangener Betrachter wie Ullrich mag - er berichtet von mehreren Schulbesuchen mit Studentengruppen - von solchen Eindrücken mit bestimmt worden sein, wenn er im Verlauf seiner Untersuchung mit bestürzender Ausdauer gerade dem Motiv der dogmatischen Festgelegtheit nachgeht.

Im weiteren mag dann die besondere, auf die Verhältnisse der Theosophischen Gesellschaft hinorientierte apodiktische Ausdrucksweise Rudolf Steiners mitbestimmend sein, die man in den älteren Partien der anthroposophischen Grundschriften und im frühen Vortragswerk antrifft. Hier wird, den Bedürfnissen der okkult interessierten, oft in einem Verhältnis persönlicher Schülerschaft zu Rudolf Steiner befindlichen Leser und Zuhörer entsprechend, das Wissenswerte mitgeteilt und nicht, oder nur am Rande, auch begründet. "Die Theosophie lehrt ...", "die Geistesforschung hat ergeben ...": solche Formeln sind charakteristisch besonders für die Zeit von 1902 bis vermutlich etwa 1914. Eine philologische Analyse der Änderungen und Erweiterungen, die Rudolf Steiner ab 1908 an seinen grundlegenden anthroposophischen Schriften vorgenommen hat, in ihrem Verhältnis zur Erstfassung würde vermutlich zeigen, wie zunächst eine unerhörte Fülle von Mitteilungen in Formen auftritt, die etwas vom unmittelbaren Berichten und - wenn wir dies Wort mit aller Vorsicht gebrauchen dürfen - einen unverkennbaren Zug von naiver Anschaulichkeit an sich haben, wie diese Fülle besonders in der großen Kosmologie von 1909 (GA 13) durch Strenge der Disposition und zunehmende Schärfe der Begrifflichkeit gebändigt und schließlich in den zahlreichen Methodenbeschreibungen der folgenden Jahre, in den genannten Erweiterungen, vor allem aber in dem bekannten "Bologna-Vortrag" von 1911 und in "Von Seelenrätseln" (1917, GA 21) die volle abstrakte Sicherheit gewonnen wird, mit der Rudolf Steiner schließlich auch die wissenschaftliche Diskutierbarkeit seiner Lehre erreicht. Wer sich nun wie Ullrich, der darin nur seinen Vorgängern folgt, ohne Einsicht in diesen Tatbestand an den Gesamteindruck des anthroposophischen Frühwerks und an einzelne Partien davon hält, die dem vorgefaßten Verdacht einer spekulativen Universaldogmatik besonders entgegenkommen, wie der von Ullrich mehrfach herangezogene Vortragszyklus "Die Grundbegriffe der Theosophie", dem wird man nicht leicht deutlich machen können, daß er ein höchst komplexes Phänomen der Geistesgeschichte nur sehr einseitig und in karikierender Überzeichnung dargestellt hat.

Eine weitere Schwierigkeit besteht in der Neigung vieler Schüler Rudolf Steiners, das Lehrgut der Anthroposophie in scholastischen Denkformen zu interpretieren und weiterzugeben, anthroposophisch gesprochen: in den Denkformen des Zeitalters der "Verstandesseele" (vgl. die angeführte Sammelrezension, S.380 f.). Von daher ist der zunächst verblüffende Gedanke Ullrichs, Rudolf Steiners Begriff von Wissenschaft stehe der aristotelisch-thomistischen Konzeption mit ihrem Anspruch auf Absolutheit, Allgemeinheit und im Wesen der Schöpfung begründete Wahrheit nahe und sei deshalb nicht mehr zeitgemäß, gar nicht so fernliegend (S.194; ähnlich S.205). "Anthroposophische Geisteswissenschaft ist ein Leben im 'Gehäuse', eine Weise der 'Katholizität', zu der Menschen drängen, um sich durch das Allgemeine, das System, Sicherheit und Erleichterung vor der Freiheit und vor der Unruhe des fragenden Denkens zu verschaffen" (S.212). Ullrich stützt sich extrem einseitig auf das, was man der Anthroposophie mit dem fixierenden, systematisierenden Blick der "Verstandesseele" abgewinnen kann. Es ist ihm deshalb auch ganz selbstverständlich, seinen einleitenden Überblick der größeren "Präzision" halber nicht nur auf Steiner selbst, sondern auf Sekundärliteratur, insbesondere auf Otto Julius Hartmann zu stützen, den genialen Popularisator der Anthroposophie, dessen katalogartige Begriffskonkordanzen keinen Schatten von Unklarheit mehr übriglassen (S.76 ff.). Auch das auffallende zahlenmystische Element der anthroposophischen Weltdeutung muß ihm deshalb über Gebühr wichtig sein. Was in andere Richtungen weist, läßt Ullrich beiseite. So tritt - um nur ein Beispiel zu nennen - in seiner Darstellung der Begriff des Äther- oder Lebensleibes in den verschiedensten Anordnungen und Schemata als Bauelement einer spekulativ-abstrakten Systematik auf. Von Rudolf Steiners Versuch, den Ätherleib in Anknüpfung an Goethes Metamorphosenlehre als "Zeitleib" zu beschreiben oder ihn mathematisch mit dem Begriff des "Gegenraums" zu charakterisieren, von der unendlich reichen empirischen Forschung, die von Schülern Rudolf Steiners in Anknüpfung an solche Ansätze und fern von aller spekulativen Systematik geleistet worden ist (vgl. besonders Schad, 1982), enthält das Buch kein Wort. Wie wenig Ullrich sich mit den Ergebnissen dieser Forschung vertraut gemacht hat, zeigt sein grotesker Fehlgriff, der Anthroposophie das dem Geiste Goethes eigentümliche Denken in "Zeitgestalten" rundweg abzusprechen (S.202). Ähnlich steht es mit anderen Gegebenheiten, die in das Verstandesseelenbild der Lehre Rudolf Steiners nicht recht hineinpassen. Was bleibt, ist ein merkwürdig ausgezehrtes, leeres Schattenbild der Anthroposophie, eine Art haltbare Strohblume, die mit dem Garten anthroposophischen Erkenntnislebens fast nichts mehr zu tun hat.

Wir übergehen Ullrichs bedenkenswerte Überlegungen zu dem Problem, daß aus dem von ihm herausgearbeiteten starren System absoluter Gültigkeiten alle Gefahren einer biologistischen, technizistischen (S.139 ff.) und vor allem einer normativen Pädagogik hervorgehen können (S.101 ff.). Er hat damit sicher recht. Wo Waldorfpädagogik erstarrt, ist sie diesen Gefahren ausgesetzt wie jede andere Erziehungsweise.

Die Frage nach dem normativen Charakter der anthroposophischen Pädagogik läßt sich im übrigen nicht ohne die Frage nach deren wissenschaftlicher Begründbarkeit erörtern. Wir kommen damit zum dritten wichtigen Problemkreis der Ullrichschen Untersuchung.

Zum Vorwurf der Unwissenschaftlichkeit

Ullrich referiert mit bemerkenswerter Klarheit einige der wesentlichen Züge des erkenntnistheoretischen Selbstverständnisses der anthroposophischen Geisteswissenschaft, wobei er zweckmäßig besonders auf den "Bologna-Vortrag" von 1911 zurückgreift (S.76 ff.). Im Anschluß an "Von Seelenrätseln" und an die "Rätsel der Philosophie" stellt er deutlich heraus, daß Rudolf Steiner selbst keinen Widerspruch zwischen Anthroposophie und empirischer Naturwissenschaft sieht (S.189). Im Verlauf der Darstellung verwickelt er sich dann aber in die oben skizzierte Dogmatismus-Problematik und in die Diskussion von Einzelfragen, die eher verschleiern, worauf sein Ergebnis, Anthroposophie sei wissenschaftlich nicht haltbar, eigentlich beruht, nämlich auf einer nicht deutlich artikulierten Differenz der Ausgangspositionen. Was vorliegt, wird greifbar in der Feststellung, daß "Steiners 'ganzheitliche' Spekulationen" zur Behauptung empirischer Zusammenhänge führen, die "auf der für Wissenschaft einzig möglichen Basis normaler sinnlicher Gegebenheiten intersubjektiv nicht überprüfbar sind" (S.190), und in der kritiklosen Identifikation mit der Auffassung des Wissenschaftshistorikers Gaston Bachelard, daß die Entwicklung des neuzeitlichen Denkens notwendig und irreversibel auf eine Trennung von "natürlicher" und "wissenschaftlicher" Erfahrung und auf einen Fortschritt zu "immer abstrakteren Stufen der Strukturierung der Welt" hinauslaufe (S.196). Das ist zwar eine weit verbreitete, wohl auch noch immer im anerkannten Wissenschaftsbetrieb maßgebliche Ansicht, aber keineswegs die einzig mögliche, wie Ullrich das so selbstverständlich vorauszusetzen scheint. Die neuere Wissenschaftstheorie hat sich inzwischen zu einem Kampffeld unterschiedlichster Auffassungen hinsichtlich der angesprochenen Probleme entwickelt, und viele dieser Auffassungen stehen der Anthroposophie näher als die nominalistische, auf Descartes und Kant zurückgehende eines reduktionistischen Positivismus, den Ullrich hier zum selbstverständlichen Maßstab erhebt. Stimmt man mit ihm in dieser Hinsicht überein, wird man das Gespräch mit der Waldorfpädagogik abbrechen müssen, jedenfalls soweit es um grundsätzliche Einsichten und nicht um Praxis geht. Läßt man andere Möglichkeiten zu, kann man weiterdenken. Hilfreich wäre dann besonders Rudolf Steiners detaillierte Betrachtung über das Verhältnis von Anthropologie und Anthroposophie in "Von Seelenrätseln", an der niemand, der sich über die Wissenschaftlichkeit der Anthroposophie ein Urteil bilden will, heute mehr vorbeikommt. (Vgl. dazu Kiersch, 1982 und 1986, und neuerdings Hardorp, 1986). Ullrich läßt sich darauf bezeichnenderweise nicht ein. So entgehen ihm insbesondere der dort entwickelte zentrale Begriff der "Grenzvorstellung" und die daran anschließenden Erörterungen über die "Abstraktheit der Begriffe", deren Berücksichtigung übrigens auch seine Bemühungen um das Problem der "Verdinglichung" in der Ideenwelt der Anthroposophie (u.a. S.199) in völlig andere Bahnen hätte lenken können.

Anthroposophie zwischen Wissenschaft und Mythos?
Eine künftige "Philosophie der symbolischen Formen" als Schlüssel zum Verständnis der Waldorfpädagogik

Unserer besonderen Aufmerksamkeit bedarf Ullrichs am Beispiel der Temperamentenlehre belegte Feststellung, daß es sich bei der umfassenden Weltdeutung der Anthroposophie um ein defizitäres Zwittergebilde zwischen Mythos und Wissenschaft, um eine Art Rückfall in archaische Denkformen handle, die vom wissenschaftlichen Fortschritt inzwischen längst überholt und nicht mehr diskutabel seien (S.196 ff.). Dieses Ergebnis fundiert Ullrich zum einen durch eine fesselnde geistesgeschichtliche Übersicht über die

Entwicklungsstadien der Lehre von den vier Temperamenten vom klassischen Altertum bis in die populäre Psychologie des 19. Jahrhunderts - wobei er sehr wahrscheinlich macht, daß das Stärke-Erregbarkeit-Schema der "Seminarbesprechungen" Rudolf Steiners auf die zeitgenössische volkstümliche Kompendien-Literatur zurückgeht, insbesondere auf die "theoretisch gänzlich anspruchslosen", aber weit verbreiteten Darlegungen Bernhard Hellwigs (S.171 ff.) -, zum anderen durch eine Konfrontation der anthroposophischen Temperamentenlehre mit den Ergebnissen der wissenschaftlichen Persönlichkeitsforschung (S.176 ff.). Dabei zeigt sich nur allzu klar, wie kümmerlich unsere Temperamentenlehre dasteht, wenn wir sie als einen Beitrag zur empirisch-deskriptiven Psychologie verstehen, und wie wenig überzeugend die bisherigen Versuche von anthroposophischer Seite sind, sie im Sinne einer solchen Psychologie aufzufassen und auszubauen. Ullrich macht uns durch seine Argumente darauf aufmerksam, daß wir womöglich viel zu wenig ernstgenommen haben, welche Intention Rudolf Steiner mit seinen psychologischen Ratschlägen für die Waldorflehrer eigentlich verfolgt, nämlich keineswegs das Vordringen zu deskriptiv-exakter Diagnose, wie sie allenfalls der Schulpsychologe oder der psychologisch geschulte Facharzt leisten kann, sondern das praktikable Handhaben eines Kunstmittels, das nicht nur zur Erkenntnis-, sondern vor allem zur Handlungsfähigkeit, zur pädagogisch-künstlerischen Kompetenz des Lehrers verhelfen soll. (Vgl. dazu meine Bemerkungen zu Ullrichs Erstfassung seines Temperament-Kapitels, Kiersch, 1984, S.380 f.). Insofern ist also Ullrichs Kritik nicht falsch, aber sie greift ins Leere. Sie trifft gar nicht, was Rudolf Steiner primär im Sinn hatte.

Ullrich gerät nun aber zugleich mit seiner Bemühung um die "mythische" Form anthroposophischen Denkens an nur anfänglich konturierte Fragen, deren weitere Bearbeitung sich eines Tages zur wichtigsten Frucht seiner gesamten Untersuchung auswachsen könnte. Machen wir uns, um genauer zu kennzeichnen, worum es sich handelt, zunächst einmal deutlich, vor welchem Problem Rudolf Steiner stand, als er die entscheidende Mutprobe seines Lebens, die Antwort auf das "Muß man verstummen?" seiner Berliner Krisenzeit, erfolgreich hinter sich hatte (vgl. "Mein Lebensgang", 24. Kapitel, GA 28, und Gerhard Wehr, 1982, S.128 ff.). Bis dahin waren Fortschritte auf dem Wege der übersinnlichen Erkenntnis seine eigene, vor der Welt völlig verborgene Angelegenheit: im Kindesalter das erste Gewahrwerden hellsichtiger Fähigkeiten, im 28. Jahr die Erfahrung des Wiederverkörpertseins, im 36. Jahr die spontane Entdeckung der Wirkungen regelmäßiger Meditationsübung, gegen Ende des Jahrhunderts dann die mystische Christuserfahrung. All das war nie ins Wort gebracht worden. Jetzt aber war die von den Zeitverhältnissen geforderte Notwendigkeit erkannt, das Geschaute für andere zugänglich zu machen. Damit beginnt ein dramatisches Ringen um Ausdruck, das in den folgenden Jahren bis zum Tode Rudolf Steiners in Schrift und Rede, dann aber auch im künstlerischen Schaffen eine unerhörte Fülle unterschiedlicher Formen annimmt. Wenn ich recht sehe, ist das hermeneutisch auslegende Verstehen dieser Ausdrucksformen eine der bedeutsamsten Aufgaben jener "Philosophie über den Menschen", die Rudolf Steiner in "Von Seelenrätseln" als möglich und wünschenswert hinstellt und von der er glaubt, daß die auf Sinnesdaten sich stützende "Anthropologie" und die übersinnlich-geistig forschende Anthroposophie in wechselseitiger Erhellung darin zusammenarbeiten können. Man denke nur, was ein Geist von der synthetischen Kraft Wilhelm Diltheys, dessen philosophische und psychologische Bemühungen der Anthroposophie so besonders nahestehen, mit seinem analytisch-deskriptiven Scharfsinn an dieser Aufgabe zu leisten vermöchte. Die Ergebnisse wären keineswegs nur philologisch oder historisch von Interesse. Wir kämen damit zu einer "Philosophie der symbolischen Formen" der Anthroposophie, wie Ernst Cassirer sie für die geistigen Ausdrucksformen der Sprache und des Mythos im Gegensatz zu den Formen des begrifflichen Erkennens erarbeitet hat. An ihn knüpft Ullrich an (S.199 ff.), und natürlich findet er wesentliche Merkmale, die Cassirer als kennzeichnend für "mythisches" Welterfassen darstellt, ähnlich auch in gewissen "symbolischen Formen" der Anthroposophie. Nach dem Selbstverständnis Rudolf Steiners ist das keineswegs überraschend. Die Menschheit kommt aus einem alten übersinnlich schauenden Bewußtsein, sie geht um der Entwicklung des Selbstbewußtseins und der individuellen Freiheit willen für mehr als zweitausend Jahre durch ein Stadium der begrifflichen Abstraktion und eines konturierten Objektbewußtseins, und sie entwickelt sich gegenwärtig zur neuen Hellsichtigkeit, deren Erfahrungen denen des archaischen Bewußtseins ähnlich sein müssen. Das geschieht auf der Ebene streng geschulten Denkens und seiner meditativen Entfaltung, "wissenschaftlich", ebenso wie auf der Ebene des Alltagsbewußtseins. Anthroposophie, und mit ihr die Waldorfpädagogik, greift zugleich auf beiden Ebenen in den Fortschritt der geistigen Entwicklung ein. Deshalb bildet Rudolf Steiner einerseits in seinen erkenntniswissenschaftlichen Betrachtungen eine zum Teil hochabstrakte strenge Methodenlehre der vielfältigen Wege zum neuen Bewußtsein aus, andererseits folgt er den Lebensbedürfnissen seiner Leser und bestimmter konkreter Zuhörer, wie etwa des besonderen Kreises des ersten Waldorflehrerkollegiums. Dabei ist er dann nicht wählerisch hinsichtlich der Einverleibung geeigneten Materials aus fremder Quelle. So erkennt er auf anthroposophischem Wege das Zustandekommen der Temperamente aus dem Zusammenwirken der vier Wesensglieder. Damit diese Einsicht zum Kunstmittel für die Erziehungspraxis werden kann, bedarf es - im exakten Sinn des Buches "Von Seelenrätseln" - "lebendiger", nicht völlig "herabgelähmter" Ausdrucksformen, gewisser "Grenzvorstellungen", aus denen pädagogische Erfindungskraft erwachsen kann. Solche Ausdrucksformen, oder Anregungen dafür, greift Rudolf Steiner auf, wo er sie eben findet: bei Hellwig (wenn Ullrichs Ableitung richtig ist), aus volkstümlicher Überlieferung, aus der Bilderwelt der Antike. Er illustriert damit gleichsam für den praktischen Gebrauch, was er an anderer Stelle mit wissenschaftlicher Strenge entwickelt. Auch sollten wir nicht übersehen, daß die auf solche Weise wissenschaftlich legitimierte Verwendung "mythischer" Ausdrucksformen keinesfalls, wie Ullrich behauptet, einen Rückfall in archaisches Denken darstellt. Denn das neue Bewußtsein nimmt die Früchte des "Zeitalters der Verstandesseele" mit auf. Selbstbewußtsein und die Fähigkeit zu rationaler Kontrolle bleiben auf dem anthroposophischen Weg zum Geist voll erhalten und geben der Wissenschaftlichkeit des "Zeitalters der Bewußtseinsseele" ebenso wie dem individuellen Gewahrwerden des Übersinnlichen eine gänzlich andere Gestalt, als das alte mythische Bewußtsein sie hatte. Wie diese Gestalt sich im Lauf der nächsten Jahrhunderte ausformen wird, kann heute noch niemand sagen. Daß sie anders sein wird als jene archaische Form, mit der sie so viel gemeinsam hat, steht mit Sicherheit fest. Das neue Bewußtsein wird die sinnes- und verstandesgebundenen Formen des Denkens übersinnlich schauend hinter sich lassen, aber es wird jederzeit in der Lage sein, da, wo das sachgemäß ist, auch die Perspektive dieser Denkformen wieder einzunehmen. Die Möglichkeit des bewußten und freien Standpunktwechsels ist damit ein weiteres Kriterium der Unterscheidung von altem und neuem "Mythos".

Für das, was sich in dieser Richtung als Zukünftiges abzeichnet, eröffnet Ullrich - neben seinem Rückgriff auf Cassirer - einen Zugang durch den glücklichen Einfall, im Anschluß an Hans Scheuerl die pädagogische Metaphorik Rudolf Steiners zu untersu- chen (S. 137 ff.). Er beobachtet, daß dieser das Erziehungsgeschehen besonders im Bilde der Entwicklung und der Heilung zu fassen sucht, die Tätigkeit des Lehrers als die des Künstlers. (Eine ausführliche Diskussion der kritischen Einwände Ullrichs gegen diese Leitvorstellungen ist zu wünschen, würde aber hier zu weit führen.) Daneben bietet sich die Metapher des Spiels im Sinne der Ästhetischen Briefe Schillers, auf die Rudolf Steiner so häufig hinweist (Staedke, 1928), zur näheren Untersuchung an, die Metapher der Harmonisierung oder des In-Einklang-Versetzens, des Gleichgewichts (z.B. zwi- schen musikalisch-sprachlichen und plastisch-bildnerischen Prozessen beim Erziehen), für die besondere Funktion des menschenkundlichen Wissens in der Waldorfpädagogik die Augen-Metapher von 1923 (Kiersch, 1978, S.35 ff.). Eine genauere Untersuchung dieser, und womöglich noch ganz anderer praxisleitender Bilder der Waldorfpädagogik könnte ein Schlüssel zum Verständnis der Ausdrucksformen Rudolf Steiners, der "sym- bolischen Formen" der Anthroposophie überhaupt werden. Hiermit den Anfang gemacht zu haben, ist ein besonderes Verdienst der Darstellung Ullrichs.

Anmerkungen:

˙Der Abdruck dieses Artikels erfolgte mit freundlicher Genehmigung der Zeitschrift ˙Das Goetheanum˙, herausgegeben von der Allgemeinen Anthroposophischen Gesellschaft, und der des Autors. Der Artikel erschien in der Nr.41 des 65. Jahrgangs am 5. Oktober 1986.

1) ˙Das Goetheanum˙, 63. Jahrgang Nr.49, 2. Dezember 1984.

Kritik, wo ist dein Stachel?

INTERVIEW MIT JOHANNES KIERSCH
von Wolfgang Weirauch

Institut für Waldorfpädagogik Annener Berg in Witten (Ruhr)
Skizze von Ethel Plum

Johannes Kiersch, *geboren 1935. Studium der Anglistik, Geschichte, Philosophie und Pädagogik in Berlin und Tübingen. Waldorflehrer in Frankfurt und Bochum. Seit 1973 am Aufbau des Instituts für Waldorfpädagogik Annener Berg in Witten/Ruhr beteiligt. Publikationen: Die Waldorfpädagogik. Eine Einführung in die Pädagogik Rudolf Steiners, Stuttgart [6]1984. Freie Lehrerbildung, Stuttgart 1978.*

Wolfgang Weirauch: Im 4. Mitgliederbrief schreibt Rudolf Steiner über die tätig sein wollenden Mitglieder innerhalb der Anthroposophischen Gesellschaft, daß solche Persönlichkeiten weit davon entfernt sein sollten zu sagen: "Es erregt mein Interesse nicht, wenn die Anthroposophie und ihre Träger von Gegnern in einem falschen Lichte dargestellt oder sogar verleumdet werden." Ist das der Hintergrund Ihrer Motivation, sich mit Gegnerfragen auseinanderzusetzen?

Johannes Kiersch: Mit Sicherheit auch - der unmittelbare Anlaß aber war für mich das Nachdenken darüber, wie wir unsere Studenten hier am Institut Annener Berg zu einer gewissen Offenheit gegenüber der sogenannten Außenwelt führen können und vor allem zu der Fähigkeit, Kritik ertragen zu können.

W.W.: Nun ist das Wort "Gegner" ein sehr weit gefaßter Begriff, der gleichzeitig sehr hart ist, da er das dualistische Freund-Feind-Schema impliziert. Nicht für alle wird deswegen der Begriff "Gegner" zutreffend sein, denn zum Beispiel gibt es auch den Kritiker der Waldorfpädagogik, sogar denjenigen, der konstruktive Kritik übt. Wie würden Sie dieses Begriffsfeld der Wirklichkeit gemäß strukturieren?

J. Kiersch: Ich glaube, daß die naiv-forsche Gegnerschaft, die zu Zeiten Rudolf Steiners bestanden hat, heute kaum noch auftritt - außer bei einigen Theologen und Pfarrern. Die meisten Gegner sind in einer merkwürdig ambivalenten Seelenlage. Man hat bei manchen das Gefühl, daß sie am liebsten selber mitmachen würden; es gibt ausgesprochen enge Schicksalsbeziehungen zwischen den sogenannten Gegnern und unseren Leuten. Bei Herrn Meyer-Bendrat ist dies zum Beispiel ganz deutlich der Fall, ebenso bei Herrn Biller, dem Begründer des Distel-Bundes. Von daher denke ich, daß wir uns hüten müssen, ausschließlich von Gegnern zu sprechen, wir sollten vielmehr von Kritikern oder gar Interessenten reden und immer die jeweilige etwas diffuse, schwankende Seelenlage berücksichtigen.

W.W.: Die Palette der Gegner und Kritiker ist ja sehr breit gefächert - von Einzelpersönlichkeiten bis hin zu Gruppeninteressen. Welche Hauptvertreter und -gruppen lassen sich charakterisieren?

J. Kiersch: Am eindeutigsten könnte man die Gruppe der Theologen und Seelsorger abgrenzen, die sich aus Angst davor, daß ihre Schäfchen in die "Sekte" abwandern könnten, mit uns beschäftigen. Das ist ja seit Jahrzehnten nichts Neues, und ich glaube auch nicht, daß sich daran viel ändern wird. Allerhöchstens ist jetzt die Aufmerksamkeit lebhafter, da an vielen Orten Konzentrationen anthroposophischer Aktivitäten im Gange sind.

Eine weitere Gruppe würde ich bei den Erziehungswissenschaftlern sehen, die seit Jahren von ihren Studenten gefragt werden, was man über Waldorfpädagogik wissen kann, und die nun, da sich einige erste wissenschaftliche Konturen hinsichtlich der Bearbeitung dieses Phänomens abzeichnen, geneigter sind, darüber zu reden. Vor drei, vier Jahren war es noch peinlich, sich überhaupt auch nur mit dem Thema Waldorfpädagogik zu befassen, denn es konnte den wissenschaftlichen Ruf gefährden. Inzwischen ist es anders, sogar über die Steinersche Esoterik kann man heute als Wissenschaftler an einer Universität sprechen. Das ist eine neue Lage!

Eine dritte größere, für uns auch sehr wichtige Gruppe von Kritikern sehe ich bei den enttäuschten Eltern. Viele von ihnen sind oft sogar mit großer Begeisterung und Bewunderung an die Waldorfschule herangetreten und dann, teils durch menschliche Unglücksfälle, Schicksalsverflechtungen, aber auch durch grobe Ungeschicklichkeiten, verstört und verschreckt worden. Das deutlichste Beispiel ist Herr Biller, der Begründer des Distel-Bundes.

W.W.: Nun ist die Tradition der Gegner und Kritiker so alt wie das Wirken der Anthroposophie in der Welt. Sind die Art und Weise sowie die Inhalte der Argumentation die gleichen geblieben oder kann man Veränderungen feststellen; kommt etwas Neues hinzu?

J. Kiersch: Es gibt Neuartigkeiten, und die würde ich vor allem in einer größeren Differenziertheit der Argumente sehen. Die Argumente sind nicht mehr so pauschal, sondern richten sich stärker auf ganz bestimmte einzelne unterscheidbare Sachprobleme, jedenfalls bei der erziehungswissenschaftlichen Kritik.

In der theologischen Kritik sehe ich das weniger, dort gelten nach wie vor die alten Positionen, die seinerzeit schon in der Auseinandersetzung der evangelischen Kirche mit der Christengemeinschaft bestimmt worden sind: das Taufproblem, die Rechtfertigungslehre, die Frage, wie der Christ gerettet wird - rettet er sich durch Meditation, erlöst er sich selbst, bedarf er der göttlichen Gnade und wenn, wie erwirbt er diese Gnade? Hinzu kommen Fragen zur abweichenden Evangelienauffassung, zur Christologie und insbesondere die störende Lehre von den zwei Jesusknaben.

Vielleicht ist noch erwähnenswert, daß früher im evangelischen Bereich eine viel größere Unbefangenheit geherrscht hat, als sie heute besteht, weil damals viele Pfarrer in der Jugendbewegung tätig waren. - Ich habe selber als Student noch einen älteren evangelischen Pfarrer kennengelernt - eine richtige Luthergestalt mit Bart und strahlenden Augen -, der mit großer Begeisterung davon erzählte, daß es einen Bund anthroposophischer Pfarrer, BaPf, gegeben habe, der sich ganz offen für die Anthroposophie engagierte. Er gestand auch ganz freimütig, daß er seit Jahrzehnten seine Predigten aus der Zeitschrift "Die Christengemeinschaft" bestritt und von der Kanzel herab offen für Anthroposophie und Waldorfpädagogik eintrat. Dieser Herr war aber doch eine Art Fossil, ein Relikt der ersten Zeit, die noch von der Jugendbewegung getragen war.

Pro und Contra einzelner Katholiken

W.W.: Um die einzelnen Gegner- und Kritikergruppen näher aufzuschlüsseln, beginnen wir einmal mit dem, was von katholischer Seite aus argumentiert wird. Worin urständet diese Gegnerschaft, was ist der wirkliche Punkt, warum von seiten der katholischen Kirche die Kritik gegenüber der Anthroposophie und der Waldorfpädagogik erhoben wird?

J. Kiersch: Gerade im katholischen Bereich ist eine erstaunliche Unkenntnis der Waldorfpädagogik noch ziemlich verbreitet. Man sieht uns als Sekte und bekämpft diese, so wie man vielleicht auch irgendeinen schwarzmagischen Zirkel oder die Bhagwan-Anhänger bekämpfen würde. - Dort, wo sich Katholiken näher mit uns befassen, treten dann eigentümliche Polarisierungen auf. Ein symptomatischer Vorgang ereignete sich in Rottenburg. Der dortige Bischof gründete eine freie christliche Schule und wurde dafür in der Presse hart getadelt, während eine Waldorfschulinitiative aus der Nähe in den Himmel gelobt wurde. Das war der Anlaß für den Bischof von Rottenburg, aus der Arbeitsgemeinschaft Freier Schulen auszutreten, sich zurückzuziehen und für seine Gemeinde deutliche Grenzen aufzurichten. Sein Ärger auf die Waldorfschulen war verständlich, da seine eigene Schulinitiative davon betroffen war. Zusätzlich könnte man an die katholischen Erzieher in Baden-Württemberg denken, die langsam bemerken müssen, daß die Waldorfschulen schon beinahe mehr Schüler als ihre eigenen katholischen Schulen haben.

Auf einer katholischen Tagung in Köln, die ich kürzlich besuchte, sprach der Herr OStDir. Dr. Weisbrod von der Erzdiözese Freiburg darüber, daß bei ihnen noch keine Sorge wegen der wachsenden Zahl der Waldorfschüler bestehe, da auch die Zahl der eigenen Schüler ansteige, also keine Abwanderung festzustellen sei; obwohl er bemerkte, daß es für sie ein irritierendes Phänomen sei, daß es derart viele Waldorfschulen im Lande gebe. Zusätzlich war eine erstaunliche Unkenntnis der anthroposophischen Grundlagen festzustellen, aber auch die Bemerkung: "In gewisser Hinsicht können wir sie nur bewundern, bei ihnen wird noch gebetet. Das können wir uns - selbst im Religionsunterricht - kaum noch leisten." Aber natürlich mischte sich in den Chor der vielen Stimmen auch die Aufforderung, doch endlich zuzugeben, daß die Waldorfschulen Weltanschauungsschulen seien.

W.W.: Aber gibt es nicht auch ganz gezielte Angriffe durch die katholische Kirche und auch eine profunde Kenntnis der Anthroposophie, statt der von Ihnen erwähnten Unkenntnis vieler einzelner Vertreter?

J. Kiersch: Sicherlich - trotzdem scheint mir die Angelegenheit dort, wo ein breiteres Wissen vorhanden ist, der Tendenz nach eher ins Positive umzuschlagen. Ein Beispiel wäre Peter Paulig, Professor für Schulpädagogik an der katholischen Universität in Eichstätt, der vor kurzem auf einer katholischen Tagung in Schwerte eine einzige feurige Laudatio auf die Waldorfpädagogik losließ. Für uns war das nicht nur angenehm, da die katholischen Studienräte im Publikum heftigst opponierten.

Professor Paulig - ehemals Volksschullehrer, dann Schulrat und Schulverwaltungsbeamter und jetzt Professor in Eichstätt - ist einer von denen, die feststellen mußten, daß alle Reformbemühungen - etwa im Zusammenhang mit dem Deutschen Bildungsrat - zuerst viele Hoffnungen erweckt haben, inzwischen aber steckengeblieben sind. Er zitierte den gerade abgesetzten Kultusminister von Bayern, Maier, sowie den niedersächsischen Kultusminister Remmers, die darauf hingewiesen hatten, daß die Erlaßflut für die Schulen schädlich sei, sie aber Erlasse ausgeben müßten, da die Lehrer und die Schulleiter sie verlangten. Professor Paulig beklagte auch - er ist Vorsitzender der Aktion Humane Schule - die vielen Mißstände, die von der verwalteten Schule ausgehen und stellte die Waldorfschulen als Modelle für christliche freie Schulen dar.

W.W.: Die beiden Tagungen, die Sie erwähnten, was waren das für welche?

J. Kiersch: Das waren eine Tagung der katholischen Akademie in Schwerte und eine der katholischen Akademie in Bensberg, der Thomas Morus-Akademie, die im Tagungszentrum des Erzbistums Köln stattfand.

W.W.: Zu welchem Thema?

J. Kiersch: Die Schwerter Tagung hatte das Thema "Waldorfpädagogik - eine pädagogische Alternative in der Diskussion", und die Tagung in Köln war in der Fragestellung etwas spitzer: "Lernziel Anthroposophie? - Konzept und Kritik der Waldorfpädagogik". Die Teilnehmerzahl in Schwerte belief sich auf 130, in Köln auf etwa die Hälfte.

W.W.: Auf beiden Tagungen gab es also deutlich ablehnende und deutlich positive Stimmen zur Waldorfpädagogik?

J. Kiersch: Ja. In Schwerte war das besonders auffällig, da der feurigste Fürsprecher der Waldorfpädagogik der Katholik Paulig war, während unser Freund Peter Schneider von der Universität Paderborn sehr nüchtern und zurückhaltend auftrat und sich ganz auf die erkenntnistheoretische Fundierung der Waldorfpädagogik beschränkte. Ich selbst habe auch versucht, einige Verständnishilfen anzubieten - aber das auffallendste Pro kam eigentlich von dem Katholiken. Das war eine sehr merkwürdige Situation.

W.W.: Gibt es weitere offizielle Vorgehensweisen der katholischen Kirche gegen die Waldorfschulen?

J. Kiersch: Bisher nicht. Allerdings ist in der evangelischen Kirche, hier in Westfalen, die Rede von Experten, die eine Stellungnahme zur Waldorfpädagogik erarbeiten. Gerüchteweise höre ich, daß Entsprechendes auch in der katholischen Kirche im Gange ist.

Die Protestanten in der Verantwortung für Gottes Schöpfung

W.W.: Von evangelischer Seite her ist das Spektrum der Gegner und Kritiker differenzierter und ebenfalls nicht ausschließlich ablehnend, auch wenn es viele Vertreter gibt, die der Waldorfpädagogik scharf entgegentreten, zum Beispiel Jan Badewien mit seiner Hauptthese, Anthroposophie und christlicher Glaube seien zwei grundverschiedene Größen, die einander ausschlössen. Worauf stützen sich solche Behauptungen?

J. Kiersch: Die wesentlichen Aussagen finden sich bereits in dem grundlegenden Werk von Klaus v. Stieglitz, "Die Christosophie Rudolf Steiners" (Witten 1955); das ist auch die Quelle für Jan Badewien. Ein bedeutendes Werk, als Dissertation entstanden und wirklich als Nachschlagewerk brauchbar. Ich habe es im Bücherschrank und benutze es hin und wieder, wenn ich bestimmte Begriffe in der Christosophie Rudolf Steiners präzise erinnern will. Es ist aber doch nur der leere Schattenwurf der Steinerschen Christosophie, nicht eigentlich die lebendige Realität der seelischen Beziehung, die Rudolf Steiner mit allen seinen Äußerungen suchte. Alle Bilder, Symbole und Wegleitungen werden fein säuberlich aufgezeichnet, aber der Geist verschwindet dabei - ein ganz eigentümliches

Phänomen der Verzerrung durch Präzision! Natürlich hat Stieglitz die erkenntnistheoretischen Grundlagen der Anthroposophie total mißverstanden, wie sich überhaupt die gesamte theologische Kritik dadurch auszeichnet, daß sie völlig ignoriert oder falsch wiedergibt, was Rudolf Steiner in seinen erkenntnistheoretischen und erkenntnispsychologischen Werken ausgeführt hat. Auf diesem Gebiet sind die Herren absolut ahnungslos.

W.W.: Haben Sie Kontakte oder Zusammenstöße mit Vertretern der evangelischen Kirche?

J. Kiersch: Ich habe erlebt, wie eines Tages der Superintendent des Kirchenkreises Witten mit zwei Visitatoren der Landeskirche von Westfalen hier anrückte, weil sie darauf aufmerksam geworden waren, daß hier in Witten ein Kindergarten, ein Therapeutikum und eine Waldorfschule bestehen, ferner die benachbarte Waldorfschule in Bochum-Langendreer, das Herdecker Krankenhaus, ein anthroposophisch geführtes Hotel, eine freie Universität und dann unser Waldorf-Lehrerbildungs-Institut. Das hatte den Verdacht erweckt, daß eine von Dornach zentral gesteuerte Eroberungsinitiative in die Wege geleitet wird.

W.W.: Kaderstätte Ruhrgebiet!

J. Kiersch: Ja, genau! Ich hatte deswegen auch einige Mühe, dem Superintendenten zu verdeutlichen, daß Anthroposophen individualistisch arbeiten. Er wollte allerdings nicht von seiner Vorstellung einer Zentralstelle mit großangelegter Strategie, die hier in dieses unerschlossene Gebiet vorstößt, abrücken. Natürlich ergeben sich sogleich Befürchtungen, daß sich so etwas wie Bhagwan oder Maharishi Mahesh Yogi breitmachen könnte. - Eine Brücke in unserem Gespräch bildete sich dadurch, daß wir auf den heiligen Franz von Assisi zu sprechen kamen und auf seine Bemühungen um den Umweltschutz. Später sah ich eine Einladung zur Synode der Landeskirche (Schwerpunktthema: "Verantwortung für Gottes Schöpfung") mit dem Bildnis vom heiligen Franz, der also für diesen Herbst Schutzheiliger der Landeskirche von Westfalen geworden ist. - Es geht dabei natürlich um die jungen Leute, die sich in der alternativen Szene um Ökologie und Umweltschutz bemühen.

Also dieses Sorgenfeld - was machen wir mit unseren jungen Leuten bzw. erobern Sektenhäuptlinge unsere Gemeindemitglieder? - führte die Herren hierher. Überall dort, wo neue Waldorfschulen gegründet werden, tritt natürlich Ähnliches auf.

W.W.: Gibt es auch polemische Angriffe evangelischer Theologien?

J. Kiersch: Jan Badewien zieht durch die Lande von Gemeinde zu Gemeinde und hält polemische Vorträge. Ich selbst habe noch keine gehört, weiß aber aus verschiedenen Berichten, daß er als "Streiter Gottes" gegen diese "sektenhafte Angelegenheit" loslegt.

W.W.: Werden Eltern, die ihre Kinder auf Waldorfschulen oder in Waldorfkindergärten haben, in Konflikte gestürzt? Wie wirkt die theologische Kritik im Sozialen?

J. Kiersch: Ich glaube, daß in vielen Elternhäusern deswegen ernsthafte Sorgen bestehen, je nach dem Verhalten des Seelsorgers. An der Waldorfschule Bochum-Langendreer haben wir mehrere evangelische Pfarrer unter den Schülereltern, die schon öfter in der Verlegenheit waren, einem Amtsbruder entgegentreten zu müssen, zum Beispiel bei öffentlichen Diskussionen. - Allerdings ist diese Problematik in der evangelischen Kirche leichter zu tragen, da die persönliche Position des einzelnen Pfarrers offensichtlich eine größere Rolle als in der katholischen Kirche spielt, in welcher die Hierarchie maßgebender ist.

"Lieber Menschenbruder, wir haben dir weh getan!"

W.W.: Vor einiger Zeit hat Helmut Biller den Distel-Bund gegründet, eine Art Konglomerat von Äußerungen und Berichten derjenigen, die an einem "Waldorf-Syndrom" leiden; ein gemeinnütziger Verein, der sich die Aufgabe gestellt hat, den meist schöngefärbten Berichten aus der Waldorfbewegung die negativen entgegenzusetzen. So zumindest ist das Objektivitätsverständnis des Distel-Bundes. Wie kam es zur Gründung des Distel-Bundes, und welches Wirken entfaltet er?

J. Kiersch: Die Gründung des Distel-Bundes ist irgendwo ein paradigmatischer Fall, ein Vorgang, wie er sich heute an allen Waldorfschulen abspielt, nur eben nicht so deutlich und ausgeprägt. Helmut Biller war jahrelang Aktivist an der Hiberniaschule, war Teilnehmer anthroposophischer Arbeitskreise und - so viel ich weiß - sogar Mitglied der Anthroposophischen Gesellschaft. Er geriet dann in einen tragischen Konflikt mit einer Lehrerin eines seiner Kinder und wurde in Opposition zum Lehrerkollegium getrieben. Dieser Konflikt konnte nicht aufgefangen werden.

Es ist müßig, irgendwem dafür Vorwürfe zu machen, aber der Ablauf ist insofern charakteristisch, als hier jemand sogar in die anthroposophischen Grundlagenaktivitäten seiner Schule hineingezogen worden ist, was ich immer für problematisch halte. Ich denke, daß die anthroposophischen Zweige diejenigen Schülereltern, die spirituelle Bedürfnisse haben und Fragen in Richtung der Anthroposophie stellen, aufnehmen und versorgen sollten, so daß sich die Schulen auf ihre pädagogische Aufgaben beschränken können. Sicher wird jeder Lehrer in Privatgesprächen das eine oder andere aus der Anthroposophie erklären müssen, wenn er gefragt ist, aber anthroposophische Einführungskurse für Eltern an Waldorfschulen halte ich für Unfug; ich will das ganz deutlich sagen.

W.W.: Die anthroposophische Grundlagenarbeit - so würden Sie es sehen - sollte von der Anthroposophischen Gesellschaft, nicht durch die Waldorfschulen, vorgenommen werden; also eine Arbeitsteilung?

J. Kiersch: Ja, denn die Schulen würden sich gegen Vorfälle schützen, wie sie mit Helmut Biller geschehen sind, wenn sie im Umgang mit der Anthroposophie eine gewisse Askese üben würden. Und die anthroposophischen Zweige haben es doch als ihre Aufgabe, Einführungskurse durchzuführen und sollten dies auch offensiv und gezielt tun. Ich denke schon, daß man hier eine gesunde Arbeitsteilung verabreden könnte: die Waldorfschule als Dienstleistungseinrichtung für eine vorwiegend nicht-anthroposophische Welt und die Anthroposophische Gesellschaft als Organ zur Verlebendigung der Anthroposophie.

W.W.: Um wieder auf Herrn Biller zu sprechen zu kommen - er wurde durch den Konflikt mit der Lehrerin zum Gegner der Waldorfpädagogik und der Anthroposophie?

J. Kiersch: Ja, er war durch diesen tragischen Konflikt so enttäuscht und erschreckt, daß er eine völlige Kehrtwendung vollzog. Auf einer Veranstaltung der GEW in Witten sagte er einmal: "Ich bin auch einige Zeit in dem lila Strom mitgeschwommen." Jetzt ist seine Aktivität entgegengesetzt, und er sammelt, wie es eben kommt, von überallher alle Beschwerden über die Waldorfschule, wobei es ihm völlig legitim erscheint, wüste und völlig unqualifizierte Polemik mit qualifizierten Beiträgen, zum Beispiel des Erziehungswissenschaftlers Klaus Prange, zu mischen. Man sollte Klaus Prange nicht unbedingt mit dem Distel-Bund identifizieren, denn der Distel-Bund ist wissenschaftlich vollkommen naiv, da er alles sammelt, was - in welcher Form auch immer - kritisch über die Waldorfschule gesagt wird, und es verbreitet.

W.W.: Durch diese Verbreitungsaktivität wird die Aufmerksamkeit auf den Distel-Bund natürlich zunehmend größer; treten Sie ihm seitens des Bundes der Freien Waldorfschulen in irgendeiner Weise entgegen?

J. Kiersch: Das würde ich für zwecklos halten, denn es geht hier vor allem um eine menschliche Aufgabe. Es geschah zum Beispiel, daß auf der schon genannten Veranstaltung der GEW - Helmut Biller und ich waren als Referenten eingeladen - ein renommierter Waldorfpädagoge aus der Umgebung deutlich zu machen versuchte, daß es sich hier um ein rein persönliches Problem des Herrn Biller handele, worauf ein jüngerer Lehrer aus der GEW aufstand und sagte: "Herr X, das war ein Tiefschlag unter die Gürtellinie!" Das Publikum merkte, daß es im Grunde unrecht war, alles in die problematische Persönlichkeitsstruktur des Herrn Biller zu drängen und ihn als Querulanten und Nörgler zu kennzeichnen. Wir sollten zugestehen, daß ihm Unrecht geschehen ist. Wenn jemand rechtzeitig auf ihn zugegangen wäre und ihm gesagt hätte: "Lieber Menschenbruder, wir haben dir weh getan", wäre der Distel-Bund nicht begründet worden. Solchen Erscheinungen kann man nicht mit Rechthaberei entgegentreten.

W.W.: Nun hat der Distel-Bund aber doch eine gewisse Wirkung. Es muß zum Beispiel damit gerechnet werden, daß Eltern von Kindern, die die Waldorfschule besuchen - vielleicht haben sie sogar Probleme mit der Schule oder einzelnen Lehrern -, die Adresse des Distel-Bundes erhalten, ihn anschreiben und dann diese merkwürdige Sammlung von Erlebnisberichten erhalten. Würden Sie empfehlen, daß man an jeder Waldorfschule die Elternschaft darauf hinweist, daß es den Distel-Bund gibt, wie er agiert und daß es sich mit der Gründung so verhalten hat, wie Sie es soeben darstellten?

J. Kiersch: Ich meine schon, daß die Frage nach dem Distel-Bund jetzt dauernd auf den Elternabenden auftaucht, überall im Land. Dies hat seine positive Seite darin, daß die Waldorflehrer herausgefordert werden, sich über ihre Position in der pädagogischen Welt mehr Klarheit zu verschaffen. Das kann uns nur gut tun!

W.W.: Sonst könnte es ja auch geschehen - wenn bei den Eltern ein Informations-Unterschuß vorliegt -, daß der Distel-Bund bei einigen Eltern auf fruchtbaren Boden stößt; also Vorbeugung statt mühevoller Nachbereitung?

J. Kiersch: Das ist in jedem Fall besser. Man wird vielleicht durch die Elternabende insgesamt darauf aufmerksam machen können, daß die Waldorfpädagogik in Folge ihrer größeren sozialen Bedeutung, die zunehmend erkennbar wird, auch zunehmend unter

Beschuß gerät. Man wird darauf hinweisen können, daß dies auf mehreren Ebenen geschieht: hochqualifiziert wissenschaftlich und dann mehr populär in der Form des Distel-Bundes. Für uns ist es Anlaß, uns darauf zu besinnen, wie wir zu anderen pädagogischen Strömungen in der Welt stehen.

Klaus Prange: "Ich bin nicht für die Welt verantwortlich!"

W.W.: Es fällt durchaus auf, daß Klaus Prange - ganz entgegen zu K.-P. Meyer-Bendrat, der aus der Anthroposophie einen Eintopf der Wirrnis macht - exakt und sauber arbeitet und zitiert. Ist Klaus Prange ein ernstzunehmenderer Kritiker als zum Beispiel Meyer-Bendrat?

J. Kiersch: Herr Prange ist für mich der ernstzunehmendste Gesprächspartner in der wissenschaftlichen Welt. Übrigens ist Ernst Michael Kranich vom Waldorflehrerseminar Stuttgart, mit dem ich kürzlich darüber sprach, ähnlicher Ansicht. Er kennt Klaus Prange von früher aus seiner Kieler Universitätstätigkeit und hat ihn schon damals als einen besonders scharfsinnigen Analytiker bestimmter Probleme in der öffentlichen Pädagogik wahrgenommen.

Nachdem ich nur sein Buch "Erziehung zur Anthroposophie" kannte, war ich auf der katholischen Akademietagung in Schwerte über die Sauberkeit der Argumentation Klaus Pranges sehr überrascht. Das Buch ist im Grunde unter seinem Niveau, er hat relativ flott etwas zusammengeschrieben, was der Kritik nicht standhält. In der "Zeitschrift für Pädagogik" (Jg. 1986, Heft 4, S.543 ff.) habe ich ja im einzelnen auseinandergenommen, worum es sich da handelt.

In Schwerte überraschte mich vor allem die präzise Ortsbestimmung, die Prange für seine Tätigkeit vornimmt. Er sagte ungefähr: "Niemand kann heute mehr den Anspruch erheben, absolut begründete pädagogische Positionen zu vertreten!" - Das ist übrigens das, was ihn an der Waldorfpädagogik am meisten ärgert; dieser Absolutheitsanspruch. - "Ich als Erziehungswissenschaftler verbinde Positionen, setze sie kritisch zueinander in Beziehung; diese sauber definierte Arbeit habe ich mir als Lebensaufgabe gesetzt." An dieser Stelle spürte man eine merkliche Bewegung im Publikum, ein Vater meldete sich und fragte dazwischen: "Entschuldigen Sie, ich kann nicht anders, aber warum sind Sie eigentlich Erziehungswissenschaftler?" Prange ganz kühl: "Ich bin nicht für die *Welt* verantwortlich." Mir wurde dabei ganz deutlich, in welcher eigentümlichen sozialen Lage sich solche Menschen befinden, denn die Verantwortung, die er mit einer gewissen wissenschaftlichen Redlichkeit ablehnt, übernimmt für ihn der Kultusminister. Es ist aber nicht seine wissenschaftliche Aufgabe, die Wirksamkeit des Kultusministers zu untersuchen, denn dafür sind die Soziologen zuständig. So enthüllt sich also die wissenschaftliche pädagogische Kritik als eine in sich ganz redliche Angelegenheit, die aber durch ihre Isolation in der gesamten Welt der Wissenschaftlichkeit plötzlich eigentümlich schizophrene Züge annimmt. Prange kritisiert dann die Waldorfpädagogik auf sehr pfiffige Weise, in Schwerte zum Beispiel unter seinem Vortragsthema: "Wie frei ist das freie Geistesleben?", und hält uns damit einen sehr nützlichen Spiegel vor. - Auf das Dogmatismus-problem sollten wir vielleicht noch eingehen, da es bei Prange auch eine große Rolle spielt. - Klaus Prange selber zieht daraus die Konsequenz, daß die rechtlichen Strukturen der Regelschule dem Lehrer die größten Freiheiten garantieren und versteigt sich zu dem Satz: "Staatsluft macht frei!" Er selber bemerkt allerdings nicht, wie es um die von ihm definierten Freiheiten dann in der Realität in der Staatsschule bestellt ist; dafür hat er den Blick nicht mehr frei. - Im großen und ganzen kann man gerade aus den Fragen und Erörterungen von Klaus Prange viel für die sichere Vertretung unserer Pädagogik nach außen lernen.

Ist die Waldorfschule eine hintergründige Indoktrinations-Stätte?

W.W.: Einer der wesentlichsten Kritikpunkte scheint mir, daß Klaus Prange nicht den Unterschied von der Anthroposophie auf der einen Seite und der aus der Anthroposophie entwickelten Methodik der Waldorfpädagogik andererseits sehen kann oder will und vermeint, die Waldorfschule sei eine Indoktrinationsschule für Anthroposophie. Aus der "Zeitschrift für Pädagogik" (1986, S.551) möchte ich Klaus Prange zitieren:
"In der Tat lassen sich Inhalt und Form nicht 'säuberlich trennen', wie es die offizielle Lesart wahrhaben will. Was STEINER dazu gesagt hat, findet sich am Ende seiner ersten Vortragsreihe in Stuttgart (1919): 'Wir wollen keine anthroposophische Dogmatik lehren, Anthroposophie ist kein Lehrinhalt, aber wir streben hin auf praktische Handhabung der Anthroposophie'(GA 293, Anhang). Die Bemerkung sieht eindeutig aus und ist doch wieder so gehalten, daß sie für unterschiedliche Argumentationszwecke benutzt werden kann.
Einerseits kann Anthroposophie gar nicht schulisch vermittelt werden, sie ist ja keine Lehre; aber andererseits wird sie doch 'gehandhabt', und dann muß sie schon bekannt und als Lehre gewußt sein, wie anders könnte sie sonst ausgeübt werden? In der ersten Hinsicht können die Waldorfpädagogen sagen, ihre Schule sei keine Weltanschauungs-schule; in der zweiten Hinsicht (und für den eigenen Hausgebrauch) ist sie es eben doch: die Handhabung ist die Botschaft. Diese Zweideutigkeit gilt für die Waldorfpädagogik und für die Anthroposophie allgemein. Sie liegt darin, daß beides zugleich richtig sein soll: Bestimmtheit und Unbestimmtheit; Offenheit in der Sache und doch methodisch strenge Ausübung, die faktisch keine andere Sache erlaubt als eben die anthroposophi-sche. Dem Interpreten wird bei dieser Konstellation zugemutet, mit der Optik und Verfahrensweise der anthroposophischen Einübung zugleich auch die Inhalte zu über-nehmen und über diese Lehrinhalte auch nur befinden zu dürfen, wenn er diese Optik anerkennt. Eine Kritik, die diese Spielregel nicht beherzigt, gerät zum Tabubruch."
Warum versteht Prange diesen Unterschied nicht?
J. Kiersch: Die Überlegung Pranges kann für uns besonders aufschlußreich und hilfreich sein, wenn wir etwas daraus machen. Auf der Tagung in Köln wurden die anwesenden Anthroposophen gefragt, warum denn die Waldorfschule keine Welt-

anschauungsschule sei, warum wir nicht freundlich zugeben, daß es sich genauso verhielte, denn wir hätten doch ganz bestimmte Lehrinhalte und Methoden, die darauf hinwiesen.

Meine Antwort war - als Versuch gedacht -: Nur wenn wir uns vorher sauber darüber verständigen könnten, was wir mit dem Wort 'Weltanschauungsschule' bezeichnen wollen, dann ließe sich erwägen, ob wir nicht sagen könnten, daß die Waldorfschule eine Weltanschauungsschule sei, wie jede andere Schule auch. - Der Gedankengang ist nur so schwierig und anspruchsvoll, daß er in der Agitation nicht verwendbar ist. Wir müssen also nach wie vor sagen, daß die Waldorfschule *keine* Weltanschauungsschule ist.

Als Gegenposition könnte man vertreten, daß jeder Art von Unterricht und Erziehung ein bestimmtes Welt- und Menschenbild zugrunde liegt. Wenn jemand meint, er habe kein bestimmtes Menschen- und Weltbild, er unterrichte wertneutral, rein wissenschaftlich oder wie auch immer die Begründung lauten mag, dann hat er nur noch nicht genügend über seine Sicht vom Menschen und der Welt nachgedacht.

Nun kommt man aber bei der von Prange bezeichneten Problematik in eine Schwierigkeit, und zwar deswegen, weil sowohl im Inhalt als auch im Erkenntnisverfahren vieles, was wir in der Waldorfschule mit den Schülern behandeln, dem ähnlich sieht, was wir zum Beispiel im anthroposophischen Zweig im Umgang mit dem esoterischen Werk Rudolf Steiners erarbeiten. Man muß nicht gleich an Beispiele denken, wie Jan Badewien eines ausgegraben hat - die Zitate aus Rudolf Steiners Buch "Aus der Akasha-Chronik", die dann plötzlich in einem Waldorf-Epochenheft auftauchten. Das sind Entgleisungen, die nicht typisch sind.

Aber wie ist es dagegen mit der Behandlung des Schmetterlings im Grundschulalter und der Tatsache, daß Rudolf Steiner feststellt, wenn man nur in der rechten Weise vom Schmetterling rede, habe man dem Kind einen Ausblick auf das Problem der Unsterblichkeit der Seele gegeben, mit dem es später im Leben eine Hilfe hat? Prange würde sagen: Subtile hintergründige Indoktrination, tückisch wird über das Bild eine Botschaft vermittelt, die dann später von dem Kind scheinbar als freier Gedanke entdeckt wird.

W.W.: Wie wehrt man sich gegen dieses scharfsinnige Argument?

J. Kiersch: Zunächst fällt mir dabei nur ein, mich auf das Buch "Von Seelenrätseln" zu besinnen, in dem Rudolf Steiner die auf Sinnesdaten beruhende Anthropologie der auf übersinnlicher Erfahrung begründeten Anthroposophie gegenüberstellt. Er führt aus, daß diese beiden Forschungsrichtungen in ihren Ergebnissen ineinandergreifen müssen wie eine positive und eine negative Fotoplatte - also widerspruchsfrei. - Darüber hinaus legt er in diesem Buche dar, daß sowohl Anthropologie als auch Anthroposophie jeweils von ihren Gesichtspunkten aus zu einer "Philosophie über den Menschen" kommen und sich in ihr verständigen. Beide machen bestimmte gemeinsame Aussagen über das Wesen des Menschen.

Ich sehe die Sache nun so, daß die hier gemeinte, weitgehend schon erarbeitete "Philosophie über den Menschen" von der Anthroposophie her *angeregt* wird, aber daß sie in allen Einzelheiten anthropologisch - von den Sinnesdaten her - *fundiert* werden muß. An dieser Stelle liegt für mich - als Waldorflehrer - die eindeutige Abgrenzung gegenüber der Verwendung anthroposophischer Bilder, Symbole, Mitteilungen aus der übersinnlichen Forschung.

Ich stieß auf dieses Problem als Geschichtslehrer, als ich in der 10. Klasse die alten Kulturen zu behandeln hatte: es ist mir möglich, zum Beispiel über die Pyramiden legitim zu reden, auch über den ägyptischen Totenkult, aber bereits bei der Atlantis kommt man an Grenzen. Ich kann noch erwähnen, daß Platon in einem seiner Werke von der Atlantis spricht, ich kann in der Klasse darüber nachdenken lassen, was wohl in den Zeiten geschehen sein mag, aus denen wir keine Schriftdenkmäler mehr haben; ferner kann ich die "neolithische Revolution" problematisieren, also zeigen, welch bedeutender Schritt es war, daß die Menschen von einer Sammler- zu einer Bauernkultur übergingen; aber ich habe Zweifel, ob man auch nur die sieben heiligen Rishis, die im Unterstufenunterricht der Waldorfschule oft eine große Rolle spielen, erwähnen sollte.

W.W.: Sie würden also vermeiden, im Unterricht Stoffinhalte zu bringen, die nicht historisch zu belegen sind, weil man ansonsten auf anthroposophische Forschungsergebnisse zurückgreifen müßte?

J. Kiersch: So ist es, ich halte - wie gesagt - zum Beispiel das naive Reden von den sieben heiligen Rishis im Unterstufenunterricht für problematisch, gestehe aber zu, daß der eine oder andere Kollege sagen wird, es sei eine alte indische Überlieferung, an welche er anknüpfen könne. - Da sind also Grenzziehungen nötig, und ich glaube, wenn wir stärkere Aufmerksamkeit auf die Abgrenzung einer "Philosophie über den Menschen" - im Sinne des Buches "Von Seelenrätseln" - gegenüber der Anthroposophie legen, daß wir dann auch zu einer eindeutigen Fundierung des Waldorflehrplanes kommen und zu der Möglichkeit, diesen Waldorflehrplan als in der allgemeinen menschlichen Erfahrung begründet kennzeichnen zu können.

Zusätzlich bedarf es aber einer Entlarvung der heimlichen Menschen- und Weltbilder in der positivistischen Wissenschaft unserer Zeit. Oft habe ich daran gedacht, daß wir einmal ein Forschungsprojekt aufgreifen sollten, das sich mit den Mythologien befaßt, die zum Beispiel in den "Time-Life-Büchern" oder ähnlichen populär-wissenschaftlichen Illustrationen moderner wissenschaftlicher Einsichten auftauchen. Dort herrscht eine ausgedehnte, sehr kompakte Mythologie, die immer dann in die Vorstellungen der Menschen einzieht, wenn wir es nicht fertigbringen, eine *philosophisch* fundierte Welt- und Menschenerkenntnis vorzutragen, wie wir das in der Waldorfschule versuchen.

Fruchtbare Desillusionierung durch Heiner Ullrich

W.W.: Sie erwähnen in Ihrem Artikel über das Buch "Waldorfpädagogik und okkulte Weltanschauung" im wesentlichen den Verfasser, den Erziehungswissenschaftler Heiner Ullrich und seine Kritik an der Waldorfpädagogik als sehr positiv, weil Sie es als konstruktive Kritik verstehen. Demgegenüber stellen Sie fest, daß sich mancher Freund der Waldorfpädagogik durch Ullrichs Buch unangenehm desillusioniert fühlen würde. Wodurch erklärt sich diese Diskrepanz?

J. Kiersch: Ja, die Fruchtbarkeit des Ullrichschen Buches kann man natürlich sehr unterschiedlich einschätzen. Besonders glücklich war ich über die Partien darin, die auf die Ausdrucksformen der Anthroposophie zielen, weil Ullrich damit ein Forschungsfeld eröffnet, das auch von uns bisher nicht bearbeitet worden ist: die ganze Frage nach den "symbolischen Ausdrucksformen" der Anthroposophie im Sinne Ernst Cassirers. Das ist ein sehr wichtiger Punkt. - Ferner liefert Ullrich in seiner Behandlung der Temperamentenlehre und in der Konfrontation dieser Temperamentenlehre mit der modernen Charakterologie sehr viele Detailinformationen, die für einen Waldorflehrer interessant sind. Das halte ich für nützlich.

Eine gewinnbringende Desillusionierung scheint mir zu sein, wenn Ullrich zeigt, daß die Temperamentenlehre Rudolf Steiners keine deskriptive Charakterologie ist, die in irgendeiner Weise gegenüber anderen deskriptiven Charakterologien konkurrenzfähig wäre. Wir haben da immer etwas behauptet, was so nicht begründet werden kann. Zwar bin ich davon überzeugt, daß es vielleicht einmal möglich sein wird, die in unserer Temperamentenlehre gegebenen Gesichtspunkte auch zu einer konkurrenzfähigen deskriptiven Charakterologie im üblichen Sinne auszuarbeiten, aber das ist bisher noch nicht geschehen.

Dadurch werden wir auf die Funktion der Temperamentenlehre im Unterricht zurückverwiesen. Kollegen, die bisher vielleicht mehr in dem Gefühl gearbeitet haben, das Temperament des Kindes objektiv bestimmen zu sollen, werden jetzt darauf hingewiesen, daß Rudolf Steiner eigentlich die Unterrichtsaktivität des Lehrers meinte, die sich dem Temperament gegenüber lebendig verwandelt.

W.W.: Also als Kunstmittel?

J. Kiersch: Ja, als Kunstmittel. Die Temperamenteneinteilung wird von Waldorflehrern nicht geschaffen, um festzustellen, welches Kind welches Temperament hat, sondern weil der Lehrer sich damit der Herausforderung stellt, in vier verschiedenen Stilarten mit seiner Klasse umzugehen. Sie ist eine Provokation zur Erweckung lebendiger Erziehungskunst, nicht ein Mittel wissenschaftlicher Beschreibung. Und darauf hat uns Ullrich nachdrücklich aufmerksam gemacht, wie niemand zuvor - das halte ich für fruchtbar!

W.W.: Kommen wir zu den drei Hauptvorwürfen Ullrichs, die Waldorfpädagogik sei eklektisch, dogmatisch und unwissenschaftlich. Der Vorwurf des Eklektizismus ist sicherlich nicht ganz von der Hand zu weisen!? - Können Sie Beispiele aus der Waldorfpädagogik angeben, von denen man bisher allgemein meinte, sie seien ausschließlich von Rudolf Steiner entwickelt, die aber anderweitig schon vorlagen, zum Beispiel in der Reformpädagogik?

J. Kiersch: Besonders deutlich ist es bei der schulorganisatorischen Besonderheit des Epochenunterrichts. Der Epochenunterricht ist eindeutig schon vor 1919 im Bereich der Landerziehungsheime praktiziert worden. Sicher kann man auch manche unterrichtsmethodischen Prinzipien oder didaktischen Leitvorstellungen - wenn man sie nur genügend abstrakt formuliert - in dem gesamten Bereich der deutschen Reformpädagogik wiederfinden. Das stellt Ullrich ja genauestens dar; er hat gezeigt, daß die Waldorfpädagogik, als abstrakte pädagogische Theorie genommen, sich in vielem nicht von der zeitgenössischen Reformpädagogik unterscheidet. Sicherlich ist der Schluß, den er daraus zieht, falsch, daß sich nämlich Rudolf Steiner bei der Reformpädagogik bedient habe; dafür gibt es keine Indizien. Er hat sich erstaunlich wenig mit der zeitgenössischen Pädagogik befaßt, wahrscheinlich das meiste überhaupt nicht gekannt.

W.W.: Wie weist man den Vorwurf des Eklektizismus zurück? Wie gelangt man dazu, eine Sache zum Beispiel aus der Waldorfpädagogik heraus zu beurteilen, ohne sie kausalanalytisch abzuleiten?

J. Kiersch: Ich würde vor allem auf die psychologischen und physiologischen Entdeckungen Rudolf Steiners verweisen, also auf die Sinneslehre, auf die physiologisch-psychologische Dreigliederungslehre; ich würde auf die Inhalte der "Allgemeinen Menschenkunde" von Rudolf Steiner verweisen und schließlich vor allem auch auf die späteren Lehrervorträge, die viel zu wenig in ihrem Gewicht bekannt sind. Man sollte sie in allgemein verständlicher Form vermitteln. Wir haben bisher keine Theorie der Waldorfpädagogik, welche auch die Inhalte dieser späten Vorträge mitenthalten sollte. Natürlich berührt man dabei auch immer wieder Fragen des esoterischen Schulungsweges, die nicht ganz leicht in einer öffentlich akzeptablen Theorie zu vermitteln sind. Eine ungelöste Aufgabe!

Faktischer Dogmatismus als Kaschierung existentieller Unsicherheit

W.W.: Kommen wir zu dem zweiten Vorwurf Ullrichs, der Dogmatik. Er gilt ja wohl im wesentlichen den Anthroposophen bzw. Waldorfpädagogen?

J. Kiersch: Es hat mich auf den katholischen Tagungen sehr erschreckt, daß sich dieser Dogmatismusvorwurf wie ein roter Faden durch alle Gespräche hindurchzog. Eine Gestalt wie Herr Meyer-Bendrat zum Beispiel wird wohl nur mit dem Dogmatismusproblem gedeutet werden können. Er hat eben seinerzeit als Oberstufenschüler die Auseinandersetzungen um die Studentenunruhen mitbekommen und ist offensichtlich durch irgendwelche dogmatischen Verhaltensweisen, die er in unserem Bereich erlebt hat, tief verprellt worden. - Bei der Tagung in Schwerte habe ich ihn kennengelernt, er saß mir plötzlich beim Abendessen gegenüber, und ich hatte den Eindruck eines ganz offenen, frischen, fröhlichen jungen Mannes, dem es ein Vergnügen ist, die Waldorfpädagogen zu ärgern. Mit einer gewissen schülerhaften Unverschämtheit macht es ihm einfach Spaß, die Puppen tanzen zu lassen. Das ist alles. Er hat gar keine grundlegenden Interessen.

W.W.: Ist die Dogmatik ein Hilfsmittel mancher Anthroposophen bzw. Waldorflehrer, ihr Manko an Wissen, vor allem in der eigenen Herleitung und Verständniserringung anthroposophischer Erkenntnisse, zu kaschieren, und die deswegen anthroposophische Erklärungsschemata oder waldorfpädagogische Methoden formelhaft weitergeben? Oder ist dies zu weit gegriffen?

J. Kiersch: Ich würde es sogar noch weiter fassen und dahinter vor allem eine existentielle Unsicherheit vermuten, die uns heute überall durch die Zeitverhältnisse aufgedrängt wird. Im Grunde verlangt Rudolf Steiner von uns ja auch, wenn er den Weg über die Schwelle zur geistigen Welt beschreibt, daß wir uns auf einen Zustand einstellen, der uns alles nimmt, was wir jetzt haben, um uns daran festzuhalten. Alle sinnengebundenen Vorstellungen, alle abstrakten Gedanken werden uns beim Übergang über die Schwelle genommen. Die Menschen früherer Zeiten bezeichneten dies als Feuer- und Wasserprobe; der Boden beginnt zu schwanken, alles Gegenständliche "verbrennt".

In dieser Situation ist heute jeder Mensch, auch wenn es ihm nicht unmittelbar bewußt wird. Auch der Waldorflehrer ist selbstverständlich in dieser Situation, vielleicht sogar verschärft. Da wir aber oft Schwierigkeiten mit den Begriffsbildungen und esoterischen Übungsanweisungen Rudolf Steiners haben und beispielsweise nicht in die Freie Hochschule für Geisteswissenschaft eintreten, weil wir Angst vor diesen Dingen haben, klammern wir uns an die Lehrinhalte.

Dieses Phänomen ist bei Ludwik Fleck, "Entstehung und Entwicklung einer wissenschaftlichen Tatsache", beschrieben, der gewisse soziologische Phänomene wissenschaftlicher Meinungsbildung in sehr sauberer Weise untersucht und dann beschreibt, wie in sich geschlossene Gesinnungsgemeinschaften ganz von selbst zu Rigorismus, Dogmatismus neigen, je mehr sie erstarren. Und eine anthroposophische Schulbewegung, die den esoterischen Kern, von dem sie sich lebendig halten lassen könnte, vergessen hat und sich nur noch an die Lehrinhalte und Praktiken in der Schule klammert, verheerende Rezeptologie anwendet ...

W.W.: ... die erstarrt zum Dogmatismus!

J. Kiersch: Ja, und zwar oft sogar zu einem theoretisch niveaulosen, faktischen Dogmatismus. Also wenn zum Beispiel Handarbeitslehrerinnen unter Berufung auf das Prinzip der Gastrulation behaupten, daß in einem bestimmten Lebensalter noch keine Handschuhe und Strümpfe gestrickt werden könnten, weil das Kind das Prinzip der Umstülpung noch nicht verträgt. Nicht wahr, da liegt ein praktischer Dogmatismus himmelschreienden Charakters vor, den man heute überall in Waldorfschulen antreffen kann. Das ist keine sonderlich wunderbare Angelegenheit, hat auch als solche überhaupt nichts mit Anthroposophie zu tun, denn sie tritt in jedem Lebenszusammenhang auf, wie Ludwik Fleck zeigt. Unser Heilmittel wäre eben esoterische Übungsaktivität im Anschluß an die Freie Hochschule für Geisteswissenschaft, aber die wird in den Kollegien viel zu oft vermieden.

W.W.: Nun kann aber doch nicht von jedem Waldorflehrer verlangt werden, in die Freie Hochschule für Geisteswissenschaft einzutreten - die meisten sind ja nicht einmal Mitglied der Anthroposophischen Gesellschaft.

J. Kiersch: Nein, verlangen kann man es nicht, aber man kann zeigen, daß dort das Heilmittel liegen würde.

W.W.: Könnten Sie noch weitere Heilmittel für die Waldorfbewegung nennen, zum Beispiel mehr praktischer Art im Umgang der Waldorflehrer mit den Eltern?

J. Kiersch: Ein weiteres Heilmittel wäre eine breitere, besser ausgebaute eigenständige Lehrerbildung. Wenn wir mehr auf dem eigenen Boden vorgebildete Lehrer in den Waldorfschulen hätten, wären diese Probleme sehr viel leichter zu bewältigen. Man muß schon sehen, daß die durch einjährige Fortbildungskurse vorgebildeten Lehrer heute vor dem massiven Problem stehen, nach kurzer Zeit schon Dinge zu vertreten zu haben, mit denen sie sich existentiell noch gar nicht verbinden konnten. Als ich einmal einen Jahrgang unseres einjährigen Fortbildungskurses fragte, was ihnen beim bevorstehenden Übergang in die Schule am meisten Sorge bereite, sagten alle übereinstimmend: "Wir haben Angst vor unserem ersten Elternabend."

W.W.: Das sagt vieles! - Würden Sie es auch als Heilmittel sehen, daß sich in dem Kollegium mehr eine Bereitschaft breitmacht, Kritik entgegenzunehmen, der Kritik weniger ängstlich und viel unbefangener entgegenzusehen; bei Fehlern, die man macht, einfach zu sagen: "Wir bemühen uns, manches befindet sich noch in den Kinderschuhen"?

J. Kiersch: Unbedingt, da würde ich Ihnen völlig zustimmen. Die Frage ist eben nur: Wie setzt man die Leute dazu instand? - Und da muß man ganz nüchtern feststellen, daß alle anderen pädagogischen Richtungen uns in bezug auf die Fähigkeit im Ertragen von Kritik inzwischen weit überholt haben. Ich kann heute Pädagogen jeder Richtung scharf angreifen, ohne daß sie gleich unsicher und nervös werden, während das bei Waldorfpädagogen eben in der Regel nicht der Fall ist.

W.W.: Hin und wieder bemerkt man sogar Tendenzen des Verfolgungswahnes!

J. Kiersch: Durchaus, durchaus!

W.W.: Kann man aber den Dogmatismusvorwurf auf die Anthroposophie und die Waldorfpädagogik selber ausdehnen?

J. Kiersch: Nein. Man sollte sich davor hüten anzunehmen, daß die anthroposophischen Lehrinhalte aus sich selbst heraus Dogmatismus erzeugen. Dogmatismus ist eine Angelegenheit, die der Tendenz nach in jeder geschlossenen Menschengemeinschaft auftritt. Und wenn die Kritiker meinen, sie müßten unseren Dogmatismus auf Rudolf Steiner zurückführen, so ist das sicher nicht richtig. Der Dogmatismus ist auf unsere *Lebensbedingungen* zurückzuführen, ist eigentlich ein soziologisch zu erklärendes Problem. Dieter Brüll hat in seinem Buch über den anthroposophischen Sozialimpuls einiges dazu gesagt. Da finden Sie herrliche Beispiele für praktischen Dogmatismus in der anthroposophischen Bewegung und eine freimütige Deutung seiner Ursachen.

"Es fehlt eine theoretische Fundierung der Waldorfpädagogik"

W.W.: Der dritte Vorwurf Ullrichs ist die Unwissenschaftlichkeit der Waldorfpädagogik. Sehen Sie eine genügende wissenschaftliche Fundierung der Anthroposophie einerseits sowie der Waldorfpädagogik andererseits? Ist hier noch ein Arbeitsfeld offen?

J. Kiersch: Auf beiden Gebieten ist das Arbeitsfeld sicherlich noch lange offen; allerdings ist in bezug auf die Erkenntnis- und Wissenschaftstheorie der Anthroposophie sehr viel geleistet worden; man braucht nur an die Arbeiten von Carl Unger und Georg Kühlewind zu denken und vor allem an die von Herbert Witzenmann, insbesondere an seine "Strukturphänomenologie" oder an das jetzt neu bearbeitete Buch: "Die Voraussetzungslosigkeit der Anthroposophie". Das sind geistige Waffen, die wirklich eingesetzt werden und uns in den nächsten Jahren sehr helfen können.

Demgegenüber fehlt eine theoretische Fundierung der Waldorfpädagogik im engeren fachwissenschaftlichen Sinne noch völlig. Zwar haben wir sehr gute Beiträge im Bereich der Unterrichtsmethodik und Didaktik der einzelnen Fächer, zum Beispiel für den muttersprachlichen Grammatikunterricht, in der Mathematik und Biologie, aber eine mit den theoretischen Grundsatzfundierungen anderer pädagogischer Richtungen vergleichbare Theorie der Waldorfpädagogik fehlt völlig.

Der Wissenschaftscharakter der Anthroposohie

W.W.: Immer wieder hört man in anthroposophischen Zusammenhängen, Anthroposophie sei Wissenschaft. Ist Anthroposophie nicht viel mehr als nur Wissenschaft?

J. Kiersch: Da wäre natürlich zunächst zu klären, wie man Wissenschaft heutzutage auffassen kann. Wissenschaft ist zu etwas geworden, was nicht mehr so naiv mit dem Leben zu tun hat, wie das in früheren Zeiten der Fall gewesen ist. Die Situation von Klaus Prange zeigt dies deutlich. Wissenschaft ist heute ein engster Ausschnitt des Lebens. - Theoretisch am besten hat dies wohl Max Weber begründet, als er zeigte, daß ein Wissenschaftler heute nur noch in der äußersten Spezialisierung fruchtbar arbeiten kann. Die Kehrseite dieses unvermeidbaren historischen Faktums ist die Isolation des Einzelwissenschaftlers gegenüber seinen Fachkollegen und dem Leben. - Insofern Anthroposophie von Anfang an immer Wissenschaft für das Leben sein wollte, ist sie natürlich in einer besonderen Problematik.

W.W.: Wäre es nicht auch wichtig, öffentlich darzulegen, daß Anthroposophie noch mehr als Wissenschaft ist, zum Beispiel Geistesoffenbarung und vieles mehr?

J. Kiersch: Man sollte durchaus eingestehen, daß Anthroposophie auf weiten Strekken Offenbarungscharakter hat; das ist ja nicht bedenklich. Auch die Kernphysik hat für mich reinen Offenbarungscharakter. Ich traue mir zu, auf dem anthroposophischen Übungsweg wesentlich schneller und effektiver voranzukommen als auf dem Übungsweg der Kernphysik. Für Kernphysik bin ich zu dumm, mit Anthroposophie aber kann ich heute beginnen. - Man muß einfach sehen, daß gewisse moderne hochspezialisierte Wissenschaften mindestens so esoterisch sind wie die Anthroposophie. - Gewisse Denkschwierigkeiten treten dort auf, wo man ins Auge fassen muß, daß im Bereich der Anthroposophie der im Erkenntnisprozeß Erkennende sich selbst verändern muß. Die meisten Wissenschaftler denken doch, daß der Erkennende, der Forschende, sich im Prozeß der Forschung unverändert lassen kann.

W.W.: Wenn man jetzt den Hauptakzent auf "Anthroposophie ist Wissenschaft oder wissenschaftlicher Ansatz" legt, könnte ein Rechtfertigungsdruck entstehen, Anthroposophie auch unbedingt zu einer Wissenschaft zu machen, die den wissenschaftlichen Ansprüchen, so wie sie heute praktiziert und gelehrt werden, entspricht. Meines Erachtens wäre das eine unzulässige Verengung der Anthroposophie auf den Teil, der wissenschaftlich in ihr ist.

Ich mache diesen Einwurf, weil man bei Anthroposophen, die selber aus einer der heutigen Wissenschaftsausbildungen kommen, bemerken kann, daß sie ihr Hauptaugenmerk auf den wissenschaftlichen Aspekt der Anthroposophie legen, während andere Menschen zum Beispiel mehr aus einer esoterischen Lebenshaltung auf die Anthroposophie treffen. Es wäre die Frage, wie man verdeutlichen kann, daß Anthroposophie Wissenschaft sein kann, aber nicht in ihrer Gesamtheit Wissenschaft sein muß, sondern daß Anthroposophie auch Offenbarung, Seelentrost, Anregung, Kunst u.v.m. sein kann. Halten Sie es für möglich, daß diese gesamte Breite in einer Weise theoretisch aufgearbeitet werden kann, so daß es auch für Menschen verständlich wird, die von dem heutigen herkömmlichen Wissenschaftsverständnis ausgehen?

J. Kiersch: Bei diesem jetzt von Ihnen umrissenen Arbeitsfeld handelt es sich um das wohl wichtigste Verständnisproblem zwischen Anthropologie und Anthroposophie im Sinne des Buches "von Seelenrätseln". Sicherlich kommen wir nicht weiter, wenn wir versuchen nachzuweisen, daß Anthroposophie nur Wissenschaft im Sinne der positivistischen Naturwissenschaft ist - was einige vergeblich versucht haben. Ich sehe eine fruchtbare Möglichkeit darin, im Sinne einer geisteswissenschaftlichen Hermeneutik, wie Wilhelm Dilthey sie begründet hat, zu zeigen, worin der Wissenschaftscharakter der Anthroposophie in ihren verschiedenen Lebensgebieten besteht. Da ist im Anschluß an das philosophische Frühwerk einiges geleistet worden, aber für mein Gefühl ist zum Beispiel das, was in dem sogenannten "Bologna-Vortrag" von 1911 und in dem Buch "Von Seelenrätseln" steckt, weitgehend noch nicht bearbeitet - nämlich eine Begründung, die mehr an der *psychologischen* Seite ansetzt.

In "Von Seelenrätseln" finden Sie die interessante Begriffsbildung der "Grenzvorstellungen" zwischen lebendigem, imaginativem Vorstellen und herabgelähmtem Gegenstandsbewußtsein. In den Anhängen des Buches bringt Rudolf Steiner dann Gedanken wie den, daß auch der Hellsehende oder Geistesforscher selbst übersinnliche Wahrnehmungen *nicht erinnern* kann. Eigentümlich: er muß den Zustand der übersinnlichen Wahrnehmung immer wieder erneut herstellen, und dann muß er aus diesem Zustand der unmittelbaren Wahrnehmung eine Umsetzung, Ausformung, Ausprägung des übersinnlich Wahrgenommenen in sinnengebundene Vorstellungen versuchen. Das war die große Leistung Rudolf Steiners. Nicht seine Hellsichtigkeit war das Wunderbare, hellsichtig waren andere auch, sondern daß er es fertiggebracht hat, das hellsichtig Wahrgenommene in sinnengebundene Vorstellungen umzuprägen.

Ein wichtiges Forschungsfeld wäre es also, diese Verhältnisse genauer zu beleuchten und zu zeigen, wie diese Umprägungen in verschiedener Form bei Rudolf Steiner auftreten. Wenn wir das verstanden hätten, wenn wir also eine umfassende Hermeneutik der "symbolischen Formen" der Anthroposophie hätten - ich schließe mich da an Ernst Cassirer an, wie ich es in meiner Rezension des Ullrich-Buches ausgeführt habe -, dann würden wir sehr viel deutlicher den Wissenschaftscharakter der Anthroposophie nachweisen können, und zwar nicht nur an dem Wissenschaftsparadigma der positivistischen Naturwissenschaft gemessen.

Wie gehen die Gegner vor?

W.W.: Kommen wir zu der Arbeitsweise der Gegner und Kritiker. Gibt es markante Punkte, verschiedene Charakteristika oder auch Gemeinsamkeiten in dem, wie Gegner und Kritiker in Opposition zur Anthroposophie und Waldorfpädagogik vorgehen?

J. Kiersch: Bewußte Strategien der Gegnerschaft wird man wahrscheinlich nicht finden. Wir sprachen eingangs ja von der veränderten Seelenlage, der stärker ambivalenten Seelenlage der heutigen sogenannten Gegner oder Kritiker: Der Pfarrer zum Beispiel hat Sorge, daß seine Schäfchen weglaufen, und greift zu den nächstbesten Argumenten; da sind verfremdete Situationen aus der Christologie gerade gut zur Abschreckung. Ein Beispiel wäre, wenn Jan Badewien seinem Buch "Anthroposophie - Eine kritische Darstellung" das Motto voranstellt: "Man kann für Christi Gegenbild am besten Menschenherzen fangen, wenn Christi Namen man dem Bilde gibt." Das ist aus den "Mysteriendramen" von Rudolf Steiner, allerdings ist es ein Ausspruch Luzifers, Jan Badewien setzt aber den Namen Rudolf Steiners darunter.

So etwas ist eine schlagkräftige Verfremdung zum Zwecke des Seelenfanges für die Kirchengemeinde. Da wird also munter drauflos gelogen. Rudolf Steiner hat an einer bestimmten Vortragsstelle einmal klargestellt, daß die ausgeprägtesten Lügner die Theologen sind, schlimmer noch als die Presse und die Diplomatie. Also die unbefangensten Lügen werden heute von Geistlichen über uns verbreitet, aus dem verständlichen Bedürfnis, die Schäfchen abzuschrecken.

W.W.: Das sind ja ganz bewußt in die Welt gesetzte Lügen. Gibt es nicht auch die Taktik mancher Gegner, bewußt falsch zu zitieren, zu lügen usw., einmal mit der Absicht, daß etwas schon bei den Lesern hängenbleibt, und dann auch mit dem Motiv, Anthroposophen die Zeit zu stehlen, indem sie alle Lügen widerlegen müssen?

J. Kiersch: Da ist sicherlich etwas dran, trotzdem sollten wir uns hüten, so etwas wie eine große Gegnerverschwörung anzunehmen. Ich glaube, daß wir es heute mehr mit Menschen zu tun haben, die in bestimmten menschlichen Situationen stehen und die dann, um gewisse Zwecke zu erreichen, zu irgendwelchen Unwahrheiten greifen.

"Wie frei ist das freie Geistesleben?"

W.W.: Es ist sicherlich sehr heilsam, die Gegner nicht immer nur außerhalb der anthroposophischen Bewegung zu sehen, sondern auch in sich selbst! Ruft man durch die eigenen Schwächen eine Gegnerschaft hervor?

J. Kiersch: Ich würde das ganz ausgesprochen so sehen, besonders hinsichtlich des Dogmatismusproblems, was wir ja schon besprochen haben. Da liegen ernsthafte Schwächen bei uns vor, und das erste wäre, daß wir uns das unumwunden eingestehen. Wir neigen doch viel zu häufig dazu - aus der allgemeinen Unsicherheit der Zeitlage heraus -, jede selbstkritische Reflexion als Teufelswerk abzuschreiben und als Schwächung der gemeinsamen Sache zu betrachten.

Ich erlebe das zur Zeit - wenn ich das vielleicht einflechten darf - besonders bei gewissen Diskussionen im Bund der Freien Waldorfschulen, wo derzeit bei vielen Kollegen die Meinung besteht, daß alle Entschlüsse von der Gemeinschaft der 98 deutschen Waldorfschulen in voller Einigkeit gemeinsam gefaßt werden müßten.

W.W.: Das steht im Widerspruch zur Autonomie!

J. Kiersch: Ja, es widerspricht dem Prinzip des freien Geisteslebens und führt zu einer allgemeinen Stagnation notwendiger Entwicklungen im Bereich der Waldorfschulbewegung. Denn wenn man so lange wartet, bis alle einer Meinung sind, dann hat immer das konservativ-restaurative Element die Oberhand und diejenigen, die eigentlich gern hier oder da etwas Neues versuchen wollen, schweigen oder ziehen sich zurück.

W.W.: Und wenn man zum Beispiel Vertreter des restaurativ-konservativen Elementes mit neuen Vorschlägen konfrontiert, so entsteht sehr oft die Überreaktion einer Kritikempfindlichkeit? Man will sich nicht kritisieren lassen?

J. Kiersch: So ist es. Wenn ich mir heute von Klaus Prange die Frage vorlegen lassen muß: "Wie frei ist das freie Geistesleben?", dann komme ich bei offenen Antworten sehr oft in die Verlegenheit, daß ich auf viele meiner Kollegen schauen muß, die mir dann vorhalten werden, daß ich die Einheit des Bundes der Freien Waldorfschulen untergraben hätte. Wobei man nicht einmal jemandem deswegen einen Vorwurf machen darf, sondern sehen muß, daß es sich um ein allgemeines soziales Phänomen der Psychologie in sich geschlossener Menschengemeinschaften handelt.

W.W.: Woran liegt das? Ist es das, was Rudolf Steiner oft als die unbewußte Angst eines jeden gegenwärtigen Menschen vor dem Geist bezeichnet?

J. Kiersch: Ich bin der Meinung, daß wir im Augenblick viel zu viel unangebrachte Melancholie in unserer Bewegung haben. Rudolf Steiner erläutert in dem sogenannten "Hüllenzyklus" (GA 145), wie durch anthroposophische Übungen eine gewisse Überempfindlichkeit gegenüber dem eigenen physischen Leib eintritt, der dadurch in allen seinen kleinen Beschwerden und Wehwehchen stärker gespürt wird. Wie wir nun aber aus der Temperamentenlehre wissen, ist das Überwiegen des physischen Leibes die Ursache für Melancholie. Wenn wir im Augenblick so etwas wie eine epidemische Melancholie in der gesamten anthroposophischen Bewegung haben, ist das also in gewisser Hinsicht ein gutes Zeichen, denn es zeigt, daß viele Anthroposophen auf dem Übungsweg sind.

Mit der von Ihnen erwähnten Angst vor dem Geiste würde ich es nüchterner sehen. Machen wir uns doch einfach klar, daß für *jeden* modernen Menschen objektiv die Schwellenangst besteht - die Furcht davor, sich in den Grundlagen seines Daseins ständig neu orientieren zu müssen, alles Sichere genommen zu bekommen. Diese allgemeine Zeitproblematik stellt uns vor die Forderung, uns um den esoterischen Schulungsweg zu kümmern, Mitglieder der Freien Hochschule für Geisteswissenschaft zu werden und durch deren Hilfe mit einer gewissen methodisch begründeten Fröhlichkeit weiterzuleben.

W.W.: Kann man noch einen Schritt weitergehen, daß auch die ungenügende Zusammenarbeit vieler Anthroposophen, die Meinungsverschiedenheiten, ein Grund zur Schwächung der eigenen Substanz ist?

In Ermangelung freier Sach-Diskussion

J. Kiersch: Ja, obwohl ich hier bedeutende Fortschritte gegenüber früheren Jahren bemerke. Ich sehe zum Beispiel, daß die offene und freilassende Weise, in der die Leitung der Freien Hochschule für Geisteswissenschaft im Augenblick mit den Mitgliedern an der Peripherie umgeht, eine wesentliche Verbesserung der Stimmung für die Zusammenarbeit in der gesamten anthroposophischen Bewegung hervorgerufen hat und auch weiter hervorrufen wird. Die Spaltung in der Bewegung ist überwunden, auch im engeren pädagogischen Fachbereich liegt überall eine große Bereitschaft zur Zusammenarbeit vor. In diesem Punkt können wir ganz zufrieden sein.

Wo ich allerdings Bedenken hätte, das ist der Bereich unserer Publizistik. Die Tatsache, daß in unserer Zeitschrift "Erziehungskunst" - soweit ich mich erinnern kann - noch nie irgendeine Kontroverse aufgetreten ist, daß nicht einmal Leserbriefe dort erscheinen, ist für mich ein bedenkliches Zeichen. Es unterstützt das Bestreben, sich nach außen als geschlossene Gesinnungsgemeinschaft darzustellen, die wir nicht sind und nicht sein wollen. Im Grunde ist es doch einfach eine Tragödie, daß überall in der Welt freie Diskussionen über Fachfragen mit einem lebhaften Für und Wider stattfinden - und zwar so, daß die Redaktion nicht das abschließende Wort spricht, sondern daß der Leser die Möglichkeit erhält, sich aufgrund von These und Antithese seine eigene Meinung zu bilden -, und daß das nun ausgerechnet in dem leitenden Organ der deutschen Waldorfschulen keinen Platz findet.

W.W.: Das gilt ja nicht nur für die Zeitschrift "Erziehungskunst". Ist dieses von Ihnen geschilderte Phänomen nicht ein Zeichen für die deutliche Überempfindlichkeit innerhalb unserer Bewegung, vor allem was die Presse betrifft? - Übertragen auf das Zusammenleben aller Anthroposophen: Sollte man nicht nur lernen, konstruktiv zu kritisieren, sondern zusätzlich die Fähigkeit erwerben, anderen Menschen den Raum zu geben, einen selber zu kritisieren? Wäre dies ein positiver zusätzlicher Schritt, um miteinander ins Gespräch einzutreten?

J. Kiersch: Sehen Sie, die ganze Sensibilität gegenüber der Zeitschrift "Info3" innerhalb der anthroposophischen Bewegung ist doch nur ein Zeichen dafür, daß wir einfach nicht die frische Luft offener Diskussion gewöhnt sind. Sicher ist "Info3" an vielen Stellen geschmacklos und taktlos, aber für eine freche Jugendzeitschrift ist das noch ausgesprochen gemäßigt. Und wir vertragen das nicht! Es hat eine Journalistentagung in Dornach gegeben, wo "Info3" kräftige Prügel bezogen hat, wenn auch vielleicht nicht ganz ohne Grund. Aber daß in diesem Punkt überhaupt eine Empfindlickeit besteht, halte ich für kein gutes Zeugnis unserer Bewegung.

Zur Zusammenarbeit würde ich also die offene Formulierung kontroverser Standpunkte zählen. Das scheint mir eine notwendige Voraussetzung der von Steiner gemeinten Zusammenarbeit zu sein. Das heißt aber nicht auch gleich, unsere publizistischen Organe zu einem Forum für Gegner zu machen. Wir wollen doch keine Masochisten werden.

W.W.: Hätten Sie noch weitere Vorschläge der Zusammenarbeit innerhalb der Anthroposophischen Gesellschaft?

J. Kiersch: Ich befürworte das Gespräch über die Freie Hochschule für Geisteswissenschaft, und ich hätte gern, daß wir uns alle gemeinsam ihrer Aufgabe bewußt werden. Vor zehn oder fünfzehn Jahren war es in vielen anthroposophischen Zweigen noch ganz unmöglich, über die Hochschule zu sprechen. Das wurde nur hinter vorgehaltener Hand heimlich getan, so daß viele neue Mitglieder den Eindruck bekamen, es handele sich dabei um etwas Magisches, gewissermaßen Tabugeladenes im Hintergrund.

Heute dagegen gibt es immer mal wieder in den Zweigen Informationsabende über die Freie Hochschule für Geisteswissenschaft, über ihre Funktionen und Aufgaben. Der Vorstand am Goetheanum schlägt eine stärkere Regionalisierung der Arbeit der Freien Hochschule vor und die Einrichtung von Sektionskreisen. In solchen Sektionskreisen oder Kreisen der 1. Klasse der Freien Hochschule wird eine intensivere Zusammenarbeit der Anthroposophen möglich sein.

W.W.: Eine letzte Frage noch zu den Gegnern und Kritikern. Sehen Sie in der Auseinandersetzung mit ihnen auch etwas Positives, daß man zum Beispiel lernt, seine Argumentation zu schulen, wacher für die Zeitproblematik wird, auf die eigene Unfähigkeit gestoßen wird und daß man bemerkt, daß man nicht der einzige auf der Welt ist?

J. Kiersch: Darin sehe ich sehr viel Positives; einmal, weil man herausgefordert wird, dann aber auch, weil Kritik ein Zeichen von sozialem Gewicht ist. Die Kritik, die uns augenblicklich umgibt, ist für mich ein Symptom dafür, daß die von Rudolf Steiner erhoffte soziale Wirksamkeit der Anthroposophie in diesen Jahren einzusetzen beginnt.

W.W.: Vorhin sprachen Sie das kritische Gespräch innerhalb der anthroposophischen Zeitschriften an. Auch mit kritischen Büchern ist der anthroposophische Buchmarkt nicht gerade gesättigt. Wie stehen Sie zu dem Gedanken, die kritischen Bücher innerhalb der anthroposophischen Bewegung selbst zu schreiben, damit sie einem nicht von außen entgegengeschleudert werden? Man würde den Gegnern ja sehr viel Wind aus den Segeln nehmen, wenn man zeigen würde, daß man sich dieser und jener Mängel bewußt ist.

J. Kiersch: Sofern das nicht in Selbstmitleid und allgemeine Melancholie einmündet, ist das sicher vernünftig. Einen Ansatz sehe ich zum Beispiel in der Kontroverse zur Sinneslehre, die in diesem Jahr in der Zeitschrift "Die Drei" aufgetaucht ist. Das wäre ein Beispiel dafür, daß Anthroposophen kontroverse Standpunkte zu gewissen Sachfragen durchaus vertreten können. - Es kommt uns ja auch immer das Argument entgegen, daß wir ausschließlich Rudolf Steiner nachbeten und bei uns keine kontroversen Auffasungen gegenüber Steiner oder auch untereinander möglich seien.

"Bilden Sie Lebensgemeinschaften, die gemeinsam den Geist erleben wollen"

W.W.: Wie steht es mit den Lehrerseminaren? Muß die Ausbildung zum Waldorflehrer intensiviert und verlängert werden? Wäre es vielleicht auch ein möglicher Schritt, allgemeine anthroposophische Proseminare an verschiedenen Orten einzurichten, bevor die Studenten auf die weiterführenden anthroposophischen Ausbildungsstätten überwechseln? Karl-Martin Dietz hat - soweit ich es weiß - einmal vorgeschlagen, daß es Aufgabe der einzelnen Zweige sein könnte, allgemeine, grundlegende anthroposophische Seminare einzurichten, von denen dann jemand ganz anders vorbereitet in ein berufsspezifisches Seminar eintreten kann.

J. Kiersch: Es gibt ja traditionell ganz bestimmte Wege in die anthroposophischen Berufe. Für den einen ist so etwas wie das Jugendseminar in Stuttgart oder Engen der richtige Einstieg, für einen anderen das Anthroposophische Studienseminar von Frank Teichmann in Stuttgart oder die studienbegleitenden Aktivitäten des Hardenberg-Instituts in Heidelberg. Es wird heute nicht *die* richtige Lösung gefunden werden können, sondern man sollte an das anknüpfen, was überall schon besteht. - Im speziellen Bereich der Lehrerbildung würde für mich darin eine Möglichkeit liegen - wo ja eine akute Notlage in bezug auf den Nachwuchs herrscht, ein Drittel der Waldorflehrer kommt seit mehreren Jahren schon ohne jede Waldorfpädagogik-Ausbildung in unsere Waldorfschulen -, weitere grundständige Ausbildungsgänge einzurichten.

Es wäre denkbar, daß im Waldorf-Lehrerseminar in Mannheim ein propädeutischer Kurs angegliedert wird - wenn die Waldorfschulen das wollen und auch bezahlen. Es ist denkbar, daß in Hamburg eine Lehrerbildungsstätte neu eingerichtet wird. Ich habe bei der Hochschultagung vorgeschlagen, daß man das zum Beispiel in Angliederung an die Hamburger Eurythmieschule macht.

Man muß sehen, wo Aktivität ist und wie sie ausgebaut werden kann, und zwar so, daß jugendliche *Lebensgemeinschaften* entstehen. Ich halte es für wichtig, auf das sogenannte "Memorandum" hinzuschauen, welches seinerzeit für die Gruppe des Jugendkurses gegeben worden ist (Die Erkenntnis-Aufgabe der Jugend; GA 217a, S.205 ff.). Rudolf Steiner fordert dort auf: Bilden Sie "Lebensgemeinschaften, die gemeinsam den Geist erleben wollen." An anderer Stelle sagt er dann, daß die Menschen des 4. Lebensjahrsiebtes sich am besten *untereinander* belehren können (Menschenerkenntnis und Unterrichtsgestaltung; Vortrag vom 18. Juni 1921, GA 302).

Daraus geht für mich hervor, daß wir Stätten schaffen müssen, in denen junge Leute, die am Anfang ihres Erkenntnislebens stehen, sich miteinander in freier spiritueller Aktivität um die Anthroposophie bemühen können, noch ehe sie durch die materialistisch-positivistischen Vorstellungen der heutigen Universitätswissenschaft zugedeckt und verformt sind. Das braucht nicht lebens- und weltfremd zu werden.

Speziell im Hamburger Bereich würde ich dafür eine Möglichkeit sehen. Wir machen hier in Witten die Erfahrung, daß sehr viele von unseren Studenten durch persönliche Bekanntschaft und aus der unmittelbaren Nachbarschaft zu uns kommen. Selbstverständlich gibt es auch in Hamburg ein riesiges Reservoir von jungen Menschen, die geistig suchen und im Grunde bloß darauf warten, in eine solche Arbeitsstätte oder Lebensgemeinschaft eingeladen zu werden.

W.W.: Aber sie machen nicht den Schritt, weil Stuttgart und Witten weit sind?

J. Kiersch: Genau, man muß eben da hingehen, wo die jungen Menschen sind. Deswegen gehört heute in jede Großstadt ein derartiges Jugendbildungszentrum hinein.

W.W.: Hätten Sie noch weitere Ideen für derartige Lebensgemeinschaften?

J. Kiersch: Eine sehr interessante hat Manfred von Mackensen in Kassel vorgetragen, der dort seit vielen Jahren sehr erfolgreich die Pädagogische Forschungsstelle leitet. Er hat den Plan, auf einem biologisch-dynamischen Landwirtschaftsbetrieb ein naturwissenschaftliches Grundausbildungsjahr einzurichten, in dem junge Leute, die später Naturwissenschaft studieren wollen, sich in die Anthroposophie einarbeiten können und gleichzeitig eine lebendig praktizierte Naturkunde kennenlernen. Das ist nur *eine* Idee, man kann sich für andere Orte weitere Ideen vorstellen.

W.W.: Wo liegen Ihre größten Sorgen, auf Zukunft gesehen, für die Waldorfschulbewegung? Wo liegen Ihre Hoffnungen?

J. Kiersch: Wir alle haben Sorgen, angesichts der immer stärker sich öffnenden Schere zwischen Schulgründungen und Schulerweiterungen einerseits und dem, was die Lehrerbildungsstätten an Nachwuchs liefern können.

Andererseits ist es für mich eine beglückende Tatsache, daß sehr viele junge Leute am Rande der anthroposophischen Bewegung sich heute selbständig um Rudolf Steiner kümmern. Ich erwarte aus diesem Umfeld viele neue Kräfte und weiß, daß dort sehr interessante Menschen zu finden sind, deren Gewinnung für die traditionellen anthroposophischen Einrichtungen nur davon abhängt, ob wir aufgeschlossen genug sind, zum Beispiel vorurteilslos Menschen mit langen Haaren oder anderen Gewohnheiten gegenüberzutreten. Davon wird es abhängen, ob die anthroposophische Bewegung die jetzt durch die Nachfrage provozierte Ausdehnung auch ausfüllen kann. Vielleicht führt uns die geistige Welt von ganz anderen Seiten, vielleicht sogar verblüffenden und überraschenden Seiten, Kräfte zu, die wir aus den traditionellen anthroposophischen Einrichtungen nicht mehr bekommen.

FLENSBURGER HEFTE

AUS UNSEREM VERLAGSPROGRAMM

Sonderheft Nr. 1 - PARTNERSCHAFT UND EHE
3. Auflage (14. - 30.Tausend), 174 Seiten, kart., DM 12,80

Gesetzmäßigkeiten einer Lebensgemeinschaft. Menschenkunde der Geschlechter. Mann und Frau in der Partnerschaft. Liebe und Ehe sind erlernbar: Das Soziale schaffen anstelle von Kampf und Flucht! Krisen und Brüche im 27. Lebensjahr. Notwendige Ich-Entwicklung der Frau. Sexualität und Liebe. Ehe-Idee, Ehe-Vorbereitung, Ehe-Pflege und Ehe-Alltag. Praktische Tips und Beispiele aus der Ehe-Beratung. Ein zeitgemäßer Ratgeber für die Gestaltung von Partnerschaft und Ehe.
Interviews mit Wolfgang Gädeke und Klaus Thoma. Vorträge von Klaus Fischer und Wolfgang Gädeke. Weitere Artikel und zahlreiche Abbildungen.   ISBN 3-926841-04-4

Sonderheft Nr. 2 - DAS GEHEIMNIS DER EAP
212 Seiten, kart., DM 12,80

Eine kenntnisreiche Hintergrundanalyse der Europäischen Arbeiterpartei - eine politische Gruppierung, die unter verschiedenen Tarnnamen Schlagzeilen macht. Die EAP: Idee, Geschichte, Programm, Praxis, Hintergrund. / "Ich hätte einem Monster zur Geburt verholfen" - Erstmalige Enthüllungen eines ehemaligen EAP-Mitgliedes. Wenn die EAP an die Macht käme... / Helga und Lyndon LaRouche. / Der Weg von der ersten Kontaktaufnahme zum selbständigen Kader. - So etwas haben sie noch nie gelesen!
Text von Wolfgang Weirauch; Interview mit Herbert Knoblauch. Zahlreiche Abbildungen.
ISBN 3-926841-05-2

Sonderheft Nr. 3 - COMPUTER, MEDIEN
144 Seiten , kart., DM 14,80

Spider in the web - die Vernetzung der Welt. / Faszination der Medien, die Angst vor dem Computer. / Welcome to the machine. / Mythos und Wirklichkeit - Was ist ein Computer? Entstehung, Funktion, Anwendungsmöglichkeiten und Gefahren, Auswüchse der Forschung. / Kann ein Computer denken? Menschliches Denken und Verantwortung. / Hacker - Datendemokratie oder technischer Terror? Reisen mit trojanischen Pferden - das Tor zur Welt. / Computerviren - der Tod der Systeme?! / Computerkinder - Mechanisierung der Kindheit. / Die Faszination der Bilder - die Droge im Wohnzimmer. / Medien im Dienst der Lüge.
Interviews mit Prof. Dr. Klas Diederich, Prof. Dr. Claus Eurich, Dr. Rainer Patzlaff, Steffen Wernéry, Prof. Joseph Weizenbaum; weitere Artikel, u. a. von Prof. Dr. Heinz Buddemeier und Prof. Dr. Helmut Göttsche, und Abbildungen.   ISBN 3-926841-12-5

Sonderheft 4 - PARTNERSCHAFT UND EHE II - BRIEFE
80 Seiten, kart., DM 9,80

47 Briefe von Leserinnen und Lesern zu den Themen Partnerschaft, Ehe und Sexualität. - Zerstört Sexualität die Liebe? / Männlicher Chauvinismus. / Aha und Oha. / Zumutungen der Eifersucht. / Wie Schuppen von den Augen... / Anstoß zur zweiten Halbzeit. / Archaische Leidenschaft. / Brutal ernüchtert. / An der Seite eines Mannes. / Ich bin Ich. / Reifere Frau und jüngerer Mann. / Allein leben - keine Partnerschaft? / Eine wirkliche Hilfe : zur Idee erheben. / Die Liebe bullert. / Vertrauen. / Eine natürliche Verhütungsmethode. / Mit Konflikten leben. / Vom Stuhl gerissen.   ·   ISBN 3-926841-14-1

Sonderheft Nr. 5 - DIE GRUNDFRAGE DER DEMOKRATIE
Wie kann die Rechtsgemeinschaft ihre Souveränität praktizieren?
Forschungsergebnisse aus dem Achberger Institut für Dreigliederungsentwicklung
Ca. 200 Seiten, kart., ca. DM 14,80 (Sommer 1989)

In allen heutigen Gesellschaften - westlichen wie östlichen - gibt es ein gemeinsames Grundproblem: die Rechtsgemeinschaft, das "Volk", ist von der konkreten Bestimmung der gesetzlichen Fundamente des sozialen Lebens ausgeschlossen. Alle speziellen gesellschaftlichen Krankheitssymptome sind Folge dieser Ursache. Auf diese Diagnose antwortet das Achberger Institut seit 1984 mit Vorschlägen zur Therapie. Politische Initiativen auf Bundes- und Länderebene und im europäischen Ausland haben diese Vorschläge aufgegriffen und kämpfen dafür, sie durchzusetzen. Der Band dokumentiert die Erkenntnisgrundlagen und den Stand der Entwicklung der Initiativen.   ISBN 3-926841-18-4

Heft 11 - ÜBER TOD UND STERBEN
2. erweiterte Auflage, 268 Seiten, kart., DM 19,80

Vom Jenseits: Berichte von Menschen, die über die Schwelle des Todes geschritten sind; Christus führt die Verstorbenen vor ihr gesamtes Lebenspanorama. / Sterben im Leben und Leben nach dem Tod. Allgemeinmenschliche Sterbeübungen. Die Sterbesakramente in der Christengemeinschaft. Ist die Aufbahrung sinnvoll? Begleitung der Toten. Was wollen die Toten für uns tun? / Durchleuchtete Erde. Wie der Tod in die Welt kam. Gilgamesch; Isis und Osiris. Die Bedeutung der Pyramidenanlage für die Menschen in ihrer Beziehung zum Tod. Das Schattenreich und das Licht der Mysterien. Der Tod des Sokrates. Das Mysterium von Golgatha - Auferstehung im Denken. / Todeswissen, Todesglauben und Todesbräuche in alten Mythen und Kulturen. / Das Für und Wider von aktiver und passiver Sterbehilfe. Der Sterbeprozeß als Chance für die Menschheit. Freiheit zwischen Selbstbestimmung über den eigenen Tod und der planetarischen Solidarität aller Lebenden. Der Sinn des Leides. / Deutsche Gesellschaft für Humanes Sterben: Keine Menschlichkeit ohne Selbstbestimmung über den eigenen Tod; Freitod. Patientenverfügungen. Die Machtfrage und die Terrorisierung aller Sterbenden. / Das Recht von Arzt und Patient. Der Arzt an der Schwelle des Todes: Erfahrungen während eines Todeskampfes. / Seelsorge mit Sterbenden. Der Tod von Ehepartnern. Ein Sterbender hört alles. Wenn Kinder sterben. Arzt und Priester am Krankenbett. / Der Bestatter und die Hinterbliebenen. Arbeitsgänge des Bestatters. Anonyme Bestattung. Rechtliche Verbindlichkeit der Bestattungsvorsorge. / Altenpflege. Vom Altwerden. Die Aufgaben des Menschen im Alter. Die Alten sind unsere Zukunft. / Begegnungen in Äthiopien. / Die "Totentanzbilder" von H. Holbein d. J. / Jim Jones - Der Weg ins Nichts. / Selbstmord.

Interviews mit Hans-Henning Atrott (DGHS), Irmgard Bauer, Peter Berg (Bestattungsunternehmer), Wolfgang Gädeke, Giesela Gaumnitz, Dr. Jörg Jungermann, Dr. Raymond Moody, Dr. Conrad Schachenmann, Prof. Dr. Philipp Schmitz (SJ), Frank Teichmann. Zahlreiche Abbildungen.   ISBN 3-926841-11-7

Heft 13 - HEXEN, NEW AGE, OKKULTISMUS
2. erweiterte Auflage, 204 Seiten, kart., DM 14,80

"Der schwarze Pfad" / Satanslyrik. / Dämonenaustreibung / "Ich war besessen" / Über Mediumismus und Spiritismus. Die Entstehung des Spiritismus. / Was steckt hinter den Aussagen von Medien? - Eine Skizze zum anthroposophischen Weiterstudium. / "Die feine Art zu töten" / Schwarze Messen, spiritistische Sitzungen - der neue Trend vieler Jugendlicher. / New Age, das Zeitalter des Wassermanns - die Sehnsucht nach dem Geist und die Verwirrung der Begriffe. / Berichte vom Kongreß "Geist und Natur". / Feuerläufe. / Neokeltismus und Neoschamanismus. / Heilige Pilze. / Die Glasrückerin. / "Ich werde absolut geführt" / Das "Geist- und Heilzentrum Saint-Germains".

Interviews mit Schwarzmagierin Ulla von Bernus, Carola Cutomo, Hexe Petra Singh, Gesundbeterin Edith Heldt und Herbert Wimbauer sowie weitere Artikel.

ISBN 3-926841-08-7

Heft 14 - ERNEUERUNG DER RELIGION
DIE CHRISTENGEMEINSCHAFT
3. erweiterte Auflage, 186 Seiten, kart., DM 12,80

Die Hierarchie in der Christengemeinschaft. Gemeindebildung. Ist die Sprache der Christengemeinschaft noch zeitgemäß? Anthroposophische Erkenntnisvertiefung des religiösen Lebens. / Die Sakramente im Wandel der Zeiten. Die ersten Gottesdienste. / Die Wandlung im Kultus der Christengemeinschaft. Der Phantomleib des Christus. Engel, Verstorbene, Elementarwesen, Dämonen. / Das evangelische und das katholische Sakramentsverständnis. / Ein Brief aus Leipzig zur Situation der Christengemeinschaft in der DDR. / Friedrich Rittelmeyer. / Das Dogma der Unfehlbarkeit. Gibt es eine katholische Anthroposophie?

Interviews mit Ekbert Lasch, Johannes Lenz, Andreas Rüß, Arnold Suckau und Prof. Dr. Franz Georg Untergaßmair; weitere Artikel.   ISBN 3-926841-07-9

Heft 15 - WALDORFSCHULE UND ANTHROPOSOPHIE
3. Auflage, 132 Seiten, kart., DM 9,80

Wie sollte, kann oder darf die Anthroposophie in der Waldorfschule leben? In welchem Verhältnis stehen der Waldorflehrer und die Waldorfschule zur Anthroposophie und zur Anthroposophischen Gesellschaft? / Die spirituellen Grundlagen der Waldorfpädagogik und die inneren Aufgaben des Lehrers. / "Zusammenklang im Gesamt" - Die Waldorfschule im Beziehungsgefüge der sozialen Wirklichkeit. Zur Sozialgestalt der Waldorfschule. / "Lebendige Quellkräfte" - Zur Esoterik des Waldorflehrerberufes. Die Freie Hochschule für Geisteswissenschaft und ihre Gliederung in Sektionen. / "Kritik, wo ist dein Stachel?" - Kritiker und Gegner der Waldorfpädagogik. Der Vorwurf der Dogmatik.
Interviews mit Johannes Kiersch, Stefan Leber und Jörgen Smit sowie weitere Artikel.
ISBN 3-926841-00-1

Heft 16 - KULTURVERGIFTUNG: RAUSCHGIFT, SUCHT UND THERAPIE
182 Seiten, kart., DM 7,80

"Das vergiftete Jahrhundert" - Neue Impulse durch die Jugend. Verschüttete Ideale. Der karikierte Himmel. / "Auf fremden Pfaden" - Über die Wirkung verschiedener Drogen. / "Der Kampf mit der Hydra" - aus der Arbeit des Rauschgiftdezernats Hamburg. / Aus der Praxis der anthroposophisch orientierten Drogentherapie - "Hilfe zur Selbstentwicklung" - "Kulturtherapie!"
Interviews mit Ron Dunselman und Jaap van der Haar, Dr. Olaf Koob, Kurt Burghard und Peter Fischer (Heilstätte Sieben Zwerge), Elliot Hiller (Lebensstudien-Gemeinschaft Melchiorsgrund), Aalt van den Berg (Stichting Arta), Bodo Franz und Hans Bergmann; weitere Artikel und zahlreiche Abbildungen.
ISBN 3-926841-01-X

Heft 17 - KULTURVERGIFTUNG: ALKOHOL
168 Seiten, kart., DM 7,80

"Der mürbe Becher" - Die historische Mission des Alkohols. / Über die physischen, seelischen und geistigen Wirkungen des Alkohols. Alkohol und Meditation. / "Seele im Schatten" - Gespräch mit Anonymen Alkoholikern. / "Alfred" - Selbsterfahrungsbericht. / "Wer zahlt die Zeche?" - Therapie im sozialen Verbund. / "Im Schatten des Räderwerks" - Alkohol in der Arbeitswelt.
Interviews mit Günter Mazur, Rita Rußland (IG Metall), Dr. Olaf Titze und Dr. Heinz Hartmut Vogel; weitere Artikel und zahlreiche Abbildungen.
ISBN 3-926841-02-8

Heft 18 - BIOLOGISCH-DYNAMISCHE LANDWIRTSCHAFT, ÖKOLOGIE, ERNÄHRUNG
220 Seiten, kart., DM 12,80

Die Grundlage und die Methoden der biologisch-dynamischen Landwirtschaft. Beispiele aus Praxis, Erkenntnisbemühung und Forschung. / Saatgut und Pflanzenveredelung. / Der landwirtschaftliche Hof als Organismus, Individualität und Kulturstätte. / Konflikte oder Ergänzung zwischen Landwirtschaft und Naturschutz. / Degenerierte und vollwertige Ernährung. / Zusammenhänge zwischen Radioaktivität und AIDS?
Interviews mit Hellmut Finsterlin, Prof. Dr. Berndt Heydemann, Dr. Manfred Klett, Prof. Dr. Herbert H. Koepf, Dr. Udo Renzenbrink und Georg W. Schmidt, weitere Artikel und zahlreiche Abbildungen.   ISBN 3-926841-03-6

Heft 19 - MUSIK
2. Auflage, ca. 200 Seiten, kart., DM 14,80

Entwicklung der Musik; Musik der Gegenwart. / "musica humana" - Was ist Musik? Die Verständnisschwierigkeiten für den Laien. Anthroposophie und Musik. / "Wo Dir der liebe Gott den Bleistift hält" - Durch Musik zum Selbst. Musik und Meditation. / "Jazz - Ausdruck des Zeitgeistes oder Magie?" / "Höre, so lebt Deine Seele jetzt!" - Wege zu einem neuen Hören. / "Ich kann mich verpuppen, sooft ich will" - Kosmische Klänge und Wiedergeburt. / "Wo Musik lebendig ist..." - Karlheinz Stockhausen. / "Schräge Töne" - Impressionen außereuropäischer Musik. / "Urmusikalisches" - Die Bedeutung des Zahlenhintergrundes der Musik im Wandel der Musikepochen. / Arvo Pärt. / Bob Dylan. / Terje Rypdal. / Frank Zappa. / "Natas - Satan" - Rückwärts gesprochene Texte auf Rock-Platten. Gespräche und Interviews mit Pär Ahlbom, Prof. Joachim Ernst Berendt, Peter Michael Hamel, Diether Rudloff, Dr. Ingo Schultz und Karlheinz Stockhausen; weitere Artikel, u. a. von Prof. Dr. Hermann Pfrogner, und zahlreiche Abbildungen.   ISBN 3-926841-06-0

Heft 20 - SEXUALITÄT, AIDS, PROSTITUTION
2. Auflage, 170 Seiten, kart., DM 14,80

Anthroposophische Grundlagen der Sexualität. Instinkt, Trieb, Begierde. Der Unterschied von weiblicher und männlicher Sexualität. Die Paradoxie der Sexualität in sich selber. Perversionen der Liebe. / Geschlechtserziehung. AIDS in der Schule. / AIDS-Aufklärungskampagnen des Sozialministeriums von Schleswig-Holstein. Ein Besuch in den AIDS-Kliniken San Franciscos. / Gesprächsrunde mit einem HIV-Positiven über die Arbeit in Beratungsstellen. / "Die Lady mit der Peitsche" - Gespräch mit einer Domina über Prostitution und sadomasochistische Praktiken. / Gespräche mit einer minderjährigen Prostituierten, Mitarbeiterinnen des Café Sperrgebiet (Beratungsstelle für minderjährige Prostituierte) sowie Mitarbeiterinnen der Kaffee-Klappe (Treffpunkt für Frauen in St. Pauli). / Sexuelle Gewalt in der Familie.
Interviews mit Sozialministerin Gräfin Ursula von Brockdorff, Christina, Martina Funke, Wolfgang Gädeke, Marianne Kipp, Stefan Leber, Hilde Müller, Liliane von Rönn; weitere Artikel.   ISBN 3-926841-09-5

Heft 21 – AIDS
164 Seiten, kart., DM 14,80

HIV-Infektion und Immunschwäche - Verwechslung von Ursache und Wirkung. Schwächung des Immunsystems durch radioaktive Niedrigstrahlung und andere Umweltbelastungen. Der Petkau-Effekt. / AIDS - Krise des Männlichen? / "Die Rache des Kongo" / AIDS-Bekämpfung. Ist AIDS ein Problem Homosexueller? Epidemiologisches. / Was ist ein Virus? Wie funktioniert das Immunsystem? Die stofflichen Grundlagen der HIV-Infektion und des AIDS. / Naturwissenschaftliche Grundlagen der HIV-Infektion. AIDS-Forschung. Gibt es Hoffnung auf einen Impfstoff?
Interviews mit Michael Debus, Dr. med. Ruth Jensen, Prof. Dr. Meinrad Koch, Dr. Michael G. Koch, Prof. Dr. Jens Scheer, Prof. Dr. Wolfgang Stille.   ISBN 3-926841-10-9

Heft 22 - ERKENNTNIS UND RELIGION
Zum Verhältnis von Anthroposophischer Gesellschaft und Christengemeinschaft
132 Seiten, kart., DM 14,80

Der Erkenntnisakt. Der anthroposophische Schulungsweg. Der menschenkundliche Ansatz der Erkenntnis und der Religion. Der Lebens- und Willensaspekt der Religion. Kultus als Bindemittel für das soziale Ganze. Anthroposophie will keine Religion sein! Die sieben Kultusformen. Religion im Lebensgang Rudolf Steiners. Die Christengemeinschaft kam in letzter Sekunde. Der Vortrag vom 30.12.1922. Das Verhältnis von Anthroposophischer Gesellschaft und Christengemeinschaft zueinander und das des einzelnen Menschen zu beiden Bewegungen. Sakramente. Die Bestattungsfrage.
Interview mit Rudolf und Wolfgang Gädeke.   ISBN 3-926841-13-3

Heft 23 - ENGEL
192 Seiten, 8 farbige Abb., kart., DM 16,80

Die Wesenheit des Engels. Schutzengel und ihre Mitgestaltung im menschlichen Schicksal. Die nächtliche Begegnung mit dem Engel. Wenn die Verbindung zu dem Engel abreißt. Das Mitwirken der Engel im Kultus, beim Gebet und der Meditation. Höhere Engel und ihre Verbindung mit Menschengemeinschaften. Der Mensch als Partner des Engels. / Schicksalsbejahung. / Engel und Kinder. Engel als Vorbild in der Selbsterziehung. / Zur Engellehre des Scotus Eriugena und des Thomas von Aquin. Die wechselseitige Beziehung von Mensch und Engel im Denken. / Geflügelte Wesen in der Kultur der Menschheit. / Entwicklung der Engellehre vom AT bis heute in der jüdischen und christlichen Tradition. Entwicklung der Engeldarstellung in der christlichen Kunst. / Auszug aus dem ersten Treatment Wim Wenders zu seinem Film "Der Himmel über Berlin".
Interviews mit G. u. E. Fischer, Dr. Dr. W.-U. Klünker, H.v. Kügelgen, H.-W. Schroeder.

                                                        ISBN 3-926841-15-X

Heft 24 - DIREKTE DEMOKRATIE
1789-1989 - 200 JAHRE FRANZÖSISCHE REVOLUTION
240 Seiten, kart., DM 14,80

Möglichkeiten der direkten Volksgesetzgebung in der BRD und Schleswig-Holstein. Repräsentative und direkte Demokratie. / Die Französische Revolution als ruckartige Nachholung einer verhinderten Entwicklung. Menschenrechte. Die Ideale Freiheit, Gleichheit, Brüderlichkeit. Tugend und Terror. Robespierre und Rousseau. "Während der Französischen Revolution sprachen zum ersten Mal Menschen als Menschen." Vormärz und die deutsche Revolution von 1848. Der preußische Nationalgedanke als Todeskeim für Mitteleuropa. / Als Anthroposoph im Bundestag. Die sinnlose und festgelegte Zeremonie der Bundestagsdebatten. Das Gewissen der Abgeordneten. Arbeitsüberlastung in den Ausschüssen. Politisches Engagement. Die Gestaltung einer neuen Rechtsordnung aus dem Zusammenleben der Menschen. Die Rechtssphäre als vergessene Schicht. Direkte Demokratie. Gibt es ein Unabstimmbares? / "Die Erweiterung des Ozonlochs ist nur durch die Erweiterung des Kunstbegriffs zu stoppen!" - Soziale Skulptur und erweiterter Kunstbegriff. Politik als Gestaltungsaufgabe. Falsche Einweihungsdampfer und freies Geistesleben. Das Beispiel der Waldorfschulen. Der Hase und die Sonne. / "Beuyme" - ein Telefongespräch mit Joseph Beuys / Jumbo - Omnibus für Direkte Demokratie / Die Petition an die Enquete-Kommission des schleswig-holsteinischen Landtags.
Interviews mit Joseph Beuys, Hans Peter Bull (SPD, Innenminister des Landes Schleswig-Holstein), Gerald Häfner (MdB, DIE GRÜNEN), Heiko Hoffmann (CDU, Oppositionsführer im schleswig-holsteinischen Landtag), Brigitte Krenkers, Prof. Dr. Renate Riemeck, Johannes Stüttgen sowie weitere Artikel. ISBN 3-926841-16-8

Heft 25 - "ALLE STAATSGEWALT GEHT VOM VOLKE AUS"
Die direkte Volksgesetzgebung als soziale Meditation
Ca. 200 Seiten, kart., ca. DM 14,80 (Juni 1989)

Direkte Volksgesetzgebung, plebiszitäre Elemente in der historischen Entwicklung. Volksgesetzgebung in der Weimarer Verfassung und der Gründungsverfassung der DDR. Volksbegehren in den Besatzungszonen. Der Parlamentarische Rat und die Entwicklung des Grundgesetzes. Die Verankerung der direkten Volksgesetzgebung im Grundgesetz. Rechtslogik im Grundgesetz. Vorgehensweise der Aktion Volksentscheid. Unterschiedliche Standpunkte und Kritik am Volksentscheid. Der Souverän des Geisteslebens, des Rechtslebens und des Wirtschaftslebens. Der Demokratiebegriff. Die Sphäre der Rechtsideen. Recht und Gewissen. Soziale Meditation. Der Rechtsfindungsprozeß in Gruppen. Der Politikbegriff. Anthroposophie, Anthroposophen und Politik. Von Rudolf Steiners Dreigliederungsidee zur direkten Volksgesetzgebung. Das Walten der Erzengel in den Prozessen des Rechtslebens.
Interviews mit Wilfried Heidt (Aktion Volksentscheid, Achberg) u.a. sowie weitere Artikel.
ISBN 3-926841-17-6